高职院校"三全育人"建设探索与实践

袁 娇 杨光辉 丁 盛 ◎ 著

西南交通大学出版社
·成 都·

图书在版编目（CIP）数据

高职院校"三全育人"建设探索与实践 ／ 袁娇，杨光辉，丁盛著． -- 成都：西南交通大学出版社，2025.5． -- ISBN 978-7-5774-0478-3

Ⅰ．G711

中国国家版本馆CIP数据核字第20257RB537号

Gaozhi Yuanxiao "Sanquan Yuren" Jianshe Tansuo yu Shijian
高职院校"三全育人"建设探索与实践

袁　娇　杨光辉　丁　盛 ／ 著

策划编辑／罗俊亮
责任编辑／周媛媛
责任校对／左凌涛
封面设计／墨创文化

西南交通大学出版社出版发行
（四川省成都市金牛区二环路北一段111号西南交通大学创新大厦21楼　610031）
营销部电话：028-87600564　　028-87600533
网址：https://www.xnjdcbs.com
印刷：成都蜀通印务有限责任公司

成品尺寸　170 mm×230 mm
印张　16.75　　字数　231千
版次　2025年5月第1版　　印次　2025年5月第1次

书号　ISBN 978-7-5774-0478-3
定价　86.00元

图书如有印装质量问题　本社负责退换
版权所有　盗版必究　举报电话：028-87600562

前言

由于经济全球化，知识经济、信息技术等领域迅速发展，高职院校作为培养高素质技术技能型人才的重要基地，肩负着为社会输送符合时代需求的人才的重任。"三全育人"教育理念自2017年被正式提出后，为高职院校的思想政治教育工作高质量发展提供了基本原则和方法遵循，其核心在于全面实施德、智、体、美、劳等多维度教育，以培养学生的综合素质和社会责任感。随着我国经济社会的快速发展，高职教育面临着前所未有的机遇与挑战，"三全育人"不仅是提升人才培养质量的关键策略，而且是实现教育现代化、助力加快建设教育强国的重要途径。

本书系统探讨了高职院校"三全育人"建设的理论与实践，旨在为新时代背景下高职教育的发展提供指导。首章概述"三全育人"的概念，分析其内涵、时代背景与现实意义；第二章深入探讨"三全育人"的理论基础、价值意蕴及基本要素；第三章至第五章分别围绕实施方法、运行机制和创新发展，系统阐述了高职院校如何构建全面的育人体系；第六章通过具体路径探索，展示了"十大"育人方法路径；最后一章总结了"三全育人"建设的实践成果与方法创新，以省级"三全育人"综合改革试点院（系）眉山职业技术学院旅游与财贸学院的建设为例，展示了育人格局构建的成功经验和育人方法的创新实践，以及在"三全育人"理念下师生相关调研成果。本书旨在为高职院校育人工作提供理论指导与实践参考，推动教育质量的全面提升。

在本书的写作过程中,作者深感自身学识有限,书中所涉及的理论和实践探索,仅是"三全育人"理念在高职教育领域应用的冰山一角。我们诚挚地希望广大教育工作者、学者以及对高职教育感兴趣的读者,能够提出宝贵的意见和建议,共同推动"三全育人"理念的深入研究和实践应用,为培养更多适应社会发展需求的高素质技术技能型人才贡献力量。

作　者

2024 年 10 月

第一章 "三全育人"概述

第一节 新时代"三全育人"的内涵与特征……003
第二节 "三全育人"的时代背景……010
第三节 新时代"三全育人"的现实意义……015

第二章 "三全育人"的理论基础、价值意蕴和基本要素

第一节 "三全育人"的理论基础……023
第二节 "三全育人"的价值意蕴……028
第三节 "三全育人"的基本要素……034

第三章 高职院校"三全育人"的实施方法

第一节 理论教育法……045
第二节 自我教育法……054
第三节 典型教育法……063
第四节 心理咨询法……068

第四章 高职院校"三全育人"的运行机制

第一节 "三全育人"领导机制……079
第二节 "三全育人"协同机制……083

第三节 "三全育人"保障机制 …………………………………… 091

第四节 "三全育人"运行评价机制 ……………………………… 098

第五章 高职院校"三全育人"的创新发展

第一节 学生入学教育 ……………………………………………… 105

第二节 学生在读教育 ……………………………………………… 109

第三节 学生职前教育 ……………………………………………… 119

第四节 和谐校园文化建设 ………………………………………… 123

第六章 高职院校"三全育人"系统化探索

第一节 课程育人路径探索 ………………………………………… 133

第二节 科研育人路径探索 ………………………………………… 140

第三节 实践育人路径探索 ………………………………………… 144

第四节 文化育人路径探索 ………………………………………… 149

第五节 网络育人路径探索 ………………………………………… 156

第六节 心理育人路径探索 ………………………………………… 162

第七节 管理育人路径探索 ………………………………………… 170

第八节 服务育人路径探索 ………………………………………… 175

第九节 资助育人路径探索 ………………………………………… 178

第十节 组织育人路径探索 ………………………………………… 183

第七章　高职院校"三全育人"的建设实践成果和案例方法

第一节　"三全育人"视域下高职院校育人格局构建 …………………189

第二节　"三全育人"视域下眉山职业技术学院旅游与财贸学院育人
　　　　建设成果…………………………………………………………200

第三节　"三全育人"视域下眉山职业技术学院旅游与财贸学院育人
　　　　方法创新…………………………………………………………213

第四节　"三全育人"视域下眉山职业技术学院旅游与财贸学院师生
　　　　实践成果…………………………………………………………221

参考文献……………………………………………………………………255

第一章 "三全育人"概述

第一章 "三全育人"概述

第一节 新时代"三全育人"的内涵与特征

一、"三全育人"的核心维度与内涵解析

（一）三全育人的内涵

2017年，中共中央、国务院在《关于加强和改进新形势下高校思想政治工作的意见》中提出要坚持全员全过程全方位育人（简称"三全育人"）。"三全育人"是新时代高职院校必须坚持的教育理念，也是全面系统的指导思想，是"大思政"格局形成的标志，是落实立德树人、为党育人、为国育才的重大政治任务和战略工程。从广义的角度理解，"三全育人"并不局限于思想政治教育的范畴，而是涉及育人的方方面面，对高职院校思想政治教育进行考量。

1. 全员育人的内涵

"全员育人"这一理念强调在教育过程中每个角色的参与和重要性，涵盖了教学、管理和服务等各个方面。广义的全员是指社会、学校、家庭三方协同联动育人的共同体；狭义的全员是指学校内部的教育主体，育人不仅仅是教师的责任，更是所有教职员工共同的使命。在这个框架下，教师通过传授知识和培养能力来教书育人；管理人员通过维护学校的秩序和提供必要的支持来管理育人；教辅人员则通过高效率和充满人文关怀的服务来践行服务育人；而学生本人也通过同辈互助实现成长，部分学生成为团学干部，协助教师开展育人工作及进行自我教育。这种教育方式使得学生在学习的每一个环节都能受到有益的影响和正确的引导，从而促进学生全面发展，体现了教育的全面参与和协同合作的有机统一。

2. 全过程育人的内涵

"全过程育人"概念强调在大学生的整个学习和成长过程中，持续地、有针对性地进行思想政治教育，是对育人过程在时间维度上的明确界定。从学生步入校园的那一刻起，直至他们毕业，每个阶段都具有其独特的发展特征和心理需求。这种教育策略认识到了大学生在不同生活和学习阶段的变化，并根据这些变化制订相应的教育计划，使教育内容和方法与学生的实际情况紧密相联。

这种细致入微的教育方式，不仅可以增强思想政治教育的实效性和适应性，而且可以更好地引导学生理解和融入社会主义核心价值观，培养学生成为德、智、体、美、劳全面发展的社会主义建设者和接班人。此外，这种全程参与的教育模式还有助于营造兼具支持性与包容性的学习环境，让每位学生都能在成长的每个阶段感受到关怀和指导，最终实现个人价值与社会责任的有机统一。

3. 全方位育人的内涵

"全方位育人"理念通过对空间的全面拓展，致力于实现多维度的教育目标。在高等职业教育中，这种教育模式强调不仅要通过正式的课程和学术训练进行显性教育，而且要利用校园文化、社会实践、社团活动、校企合作等隐性教育渠道，实现教育的无缝衔接。这种方法融合了显性教育与隐性教育的双重力量，即通过明确的课程教学等直接教育指导与校园文化、社会实践等所蕴含的价值观带来的潜移默化的熏陶影响相结合。

这样的教育策略，不仅能够更有效地践行社会主义核心价值观，而且能够创造一个充满活力的学习环境，促进学生的健康成长。教育的这种全方位覆盖，就像春风化雨般细腻而深远，帮助学生在知识、技能、情感、道德等多方面得到均衡发展，为其将来的社会生活和职业生涯奠定坚实的基础。这种全面的育人模式不仅提升了教育的质量和效果，而且为学生的全面和谐发展提供了有力的支持。

(二)"三全育人"的构成要素

"三全育人"以"育人"为核心,根据学生身心发展特点以及思想政治教育的规律,按照时间和空间两个维度,构成了一个点面结合、时空相连、立体完整的思想政治教育模式。

1. 构成要素

"三全育人"的教育理念是一个由相互作用、相互联系的三大要素构成的整体,具体来说,包括以下几个方面。

(1)人员

在"三全育人"模式中,育人的主体从传统的教师角色扩展到全体教职员工,乃至学生群体,强调全员参与的重要性。这种教育理念不局限于课堂教学,而是涵盖管理、服务、科研和实践等多个领域,每位教职员工、团学干部都被视为育人的重要参与者。通过这种全员育人的策略,学校可充分整合各类资源,使每个岗位都能在其职能范围内为学生的成长贡献力量。

这种模式突破了将思想政治教育责任仅仅限定在辅导员、班主任身上的传统观念,使得育人的责任和功能得到了显著的拓展和延伸。现在,每位教职员工,甚至是团学干部都参与到学生的德、智、体、美、劳的发展中,协同培育学生的全面素质。例如,科研人员通过研究活动引导学生掌握科学思维和研究方法,行政人员通过高效的管理促进学生组织和纪律意识的增强,服务人员在日常交往中传递正能量,为学生树立良好的行为模范。

这种全员育人的实践不仅使得学校教育资源得到了充分利用,而且有助于营造一个更加健康和谐的学习环境,助力学生在知识积累、能力提升与道德养成中实现全面发展。

(2)时间

"全过程育人"这一理念将教育视为一项系统而持续的活动,强调从学生的实际需求出发,使教育活动全面覆盖学生的整个学习周期。这种教育模式认识到育人工作是长期且持续的,需要在学生的整个学术旅程中进行不断的努力和调整，体现出教育活动与学生的发展阶段紧密相连。

教育工作者不仅应该关注学生的学术成就、技术技能，而且应该重视他们的道德和个人发展，因此，有必要将思想政治教育贯穿于学生的成长和成才过程中。此外，教育策略需根据学生的身心发展规律及其在不同成长阶段的特点进行调整，从而使其在关键时期提供恰当的支持和指导。

这种全程育人的做法，使得学生能够在一个连续支持的环境中发展，无论是在知识获取、技能掌握，还是在个人品德和社会责任感培养上都能得到全方位的培养。通过对教育环境和教育方法的不断优化，每位学生都能在适合自己发展阶段的教育支持下，激发出自身的最大潜能，最终成为既有才能又有德行的社会人才。

（3）空间

在推进全方位育人的过程中，高职院校应充分利用多样化的教育空间和多维度的教学资源，促进学生的全面发展。这一教育策略深植于人的全面发展理论之中，不仅仅追求学生对专业知识的掌握，更加重视对其道德、世界观、人生观和价值观的培养。

高职院校应从课堂教学、实验实训、社团活动、社会实践等多个角度出发，创造丰富多彩的学习和生活环境，使教育活动不仅局限于传统的教室内。通过这些不同的空间和形式，学生可以在实践中学习，在挑战中成长，从而全面提升自身的综合素质。

此外，高职院校还应积极探索与企业、行业、社会组织的合作，开展校外见习和实习项目，工学交替，以实际工作环境为背景提供学习机会，这不仅能帮助学生应用和深化专业知识，而且能有效地培养学生的职业技能和社会责任感。

通过这种全方位、多层次的教育模式，学生能在各个方面得到均衡发展，不仅仅学术能力得到提升，更重要的是形成健全的人格和正确的价值观，最终成为社会所需的高素质人才。

2. 各组成要素之间的关系

（1）联系

① 整体性与协同性。全员育人、全过程育人和全方位育人作为"三全育人"的核心要素，其整体性体现在三者之间的紧密配合与协同作用上。它们不是孤立的教育策略，而是相互依存、相互促进的。全员参与确保了育人工作的广泛性和深入性，全过程关注保证了教育的连续性和系统性，而全方位覆盖则实现了教育内容的全面性和多样性。这三者共同作用于学生的成长过程，形成了一个动态、开放、协同的育人生态系统。

② 全员育人的深化。在全员育人的基础上，我们需要进一步深化其内涵，明确每位教育工作者和管理人员的角色与责任，即教师、辅导员、行政人员、后勤服务人员等，都应该成为育人的主体，通过言传身教、榜样示范等方式，在各自的岗位上发挥育人作用。同时，要加强团队协作，形成育人合力，使每位学生都能得到来自不同方面的关爱与指导。

③ 全过程育人的细化。全程育人要求我们将育人工作贯穿于学生从入学到毕业、从课堂到课外、从理论到实践的整个学习生涯，为了实现这一目标，我们需要细化育人过程，制定分阶段、分层次的教育目标和计划。在每个阶段，都要明确育人的重点和难点，采取有针对性的措施和方法，使学生能够在不同阶段得到适时的指导和帮助。

④ 全方位育人的拓展。全方位育人强调在思想道德、科学文化、社会实践等多个维度上同步推进育人工作。为了拓展其内涵，我们需要不断丰富和完善育人内容，引入新的教育理念和方法。例如，加强心理健康教育，提高学生的心理素质和抗压能力；加强创新创业教育，培养学生的创新意识和创业能力；加强社会实践教育，让学生在实践中增长才干、锤炼品格。同时，还要注重校园文化的建设，营造积极向上的育人氛围，让学生在潜移默化中受到熏陶和感染。

⑤ 整体推进与全面落实。为了实现"三全育人"的目标，我们必须整体推进、全面落实。这要求学校将育人工作作为中心工作来抓，制定切实

可行的实施方案和措施。同时，要加强组织领导，明确各部门的职责和任务，形成齐抓共管的工作格局。此外，还要加强监督检查和评估考核工作，保证育人工作的各项措施得到有效落实和持续改进。

（2）区别

全员育人、全过程育人与全方位育人共同构成了高职院校育人的立体框架，每一方面都不可或缺，相互支撑，共同促进学生的全面发展。

全员育人强调育人主体的广泛性与整体性，其核心在于教书育人、管理育人、服务育人、环境育人的有机融合。这四大育人环节，如同四根支柱，共同构筑学生全面发展的基石。教书育人通过知识的传授与品德的熏陶，为学生打下坚实的学识与道德基础；管理育人通过规范与引导，培养学生的自律与责任感；服务育人以细致入微的服务，满足学生成长过程中的多样化需求；环境育人则通过营造积极向上的校园文化氛围，潜移默化地影响学生的心灵。四者相辅相成，共同作用于学生的全面发展，任何一方面的缺失都将削弱育人的整体效果。

全过程育人则关注育人的时间维度，强调育人的连续性与阶段性。它要求学校的思想政治教育要贯穿学生学习、生活、成长的每一个阶段，不因时间的推移而中断或减弱。同时，针对不同年龄段、不同发展阶段的学生，学校在育人工作中应有所侧重，制定更具针对性的教育策略，以满足学生不断变化的成长需求。这一理念体现了对学生身心发展规律的尊重与遵循，旨在通过持续、系统的教育引导，帮助学生形成稳定、健康的思想品德与人格特质。

全方位育人则着眼于育人的空间拓展，强调育人的立体化与全面性。它要求学校打破传统育人模式的局限，充分利用各种教育资源与平台，构建多元化、开放式的育人体系。这包括加强教育教学、管理服务等各个方面的协同合作，拓宽育人的渠道与媒介；同时，以学生全面发展为目标，充分发挥学生的主观能动性，通过学生社团、新媒体新技术等渠道，激发学生的潜能与创造力，促进学生在知识、能力、素质等方面的全面提升。

这一理念体现了"以生为本"的教育思想,旨在为学生提供更加广阔、自由的发展空间。

综上所述,全员育人、全过程育人与全方位育人相互关联、相互促进,共同构成了高职教育育人的完整体系。在实践中,我们应坚持三者并重、协同推进的原则,努力打造全员参与、全过程衔接、全方位覆盖的育人环境,为学生的全面发展提供坚实保障。

二、"三全育人"的基本特征

(一)育人的系统性

在高职院校中实施"三全育人"战略,意味着需要构建一个全面、系统的教育体系,强调思想政治教育的引领作用。这种策略要求建立由党委统一领导的育人体制,实现党政、群团及各教育部门的协同育人。通过整合所有资源,使教育内容突破传统思政课程局限,渗透到所有课程和日常活动中,从而实现从"思政课程"到"课程思政"的转变。这种方法兼顾精准化与全域化覆盖,促进思想政治教育的纵深拓展与广度渗透。

同时,高职院校还需与学生的家庭及社会各界紧密合作,形成一个联动的教育网络,以集成多方力量和资源,强化育人合力。这样的教育模式能增强教育的系统性和连贯性,促进学生的全面和谐发展。通过这种综合性的教育策略,高职院校能够有效地培养学生的道德观念、专业能力及社会责任感,为社会培育更多优秀的人才。

(二)育人的全面性

高职院校的核心使命是"立德树人",致力于培养德才兼备、全面发展的学生。这种教育追求不仅涵盖了专业知识的传授和文化素养的提升,而且包括视野的拓展以及对思想政治教育的深入关注。通过强化体育和美育教育,以及开展丰富的社会实践活动,高职院校旨在构建一个全方位的教育体系，其中各类教育环节相互渗透、相互影响，共同推动学生全面、健康地成长。

采用"三全育人"的战略，高职院校通过综合运用各种教育方法，针对学生的不同发展阶段，进行全过程的教育。这种教育模式使得学生不仅掌握必要的科学文化知识，而且培养出其健全的身心素质和高尚的道德品格，全面提升学生的个人能力和社会责任感，从而为社会培养出更多全面发展的优秀人才。

（三）育人的全程性

思想品德的塑造是一个长期而反复的过程，需要在学生的整个成长期间持续进行思想政治教育工作。"三全育人"教育理念强调将思想政治教育贯穿于教育教学的全过程，使得这种教育伴随学生的每一步成长。鉴于不同学生在成长的不同阶段会展现出各自的特点和需求，该理念提倡在每个阶段根据学生的具体特点制定相应的教育内容，从而提高教育的针对性和效果。通过这种细致入微的教育方式，高职院校能够更加精准地促进学生思想品德的形成和发展，体现了全程性教育的深刻内涵。

第二节 "三全育人"的时代背景

"三全育人"这一教育理念的提出，蕴含着深刻的时代背景与迫切的社会需求。它不仅仅是对当前教育现状的深刻反思，更是对未来教育发展方向的明确指引。

一、社会发展和人才需求的转变催生

社会的快速发展和科技的日新月异，使得社会对人才的需求发生了翻

天覆地的变化。传统教育模式通常侧重于知识的传授和技能的培训,这种单一的教育方式已经难以满足当今社会对人才的需求。现代社会所需的人才,不仅仅要有扎实的专业知识和技能,更需具备良好的思想道德品质、健康的身心、强烈的社会责任感以及创新精神和实践能力。在经济全球化的今天,国际竞争日益激烈,国家之间的竞争归根结底是人才的竞争。一个国家拥有多少高素质人才,是国家在国际竞争中赢得优势的关键因素之一。因此,培养具有高素质的人才已成为国家发展的战略需求。而"三全育人"理念的提出,正是为了适应这一社会需求,旨在培养德智体美劳全面发展的社会主义建设者和接班人。

在传统教育模式下,教育通常被局限于学校之内,由专业的教师负责知识的传授和技能的培养。这种教育模式忽略了教育的全面性和系统性,使得学生在思想道德、身心健康以及社会实践等方面存在诸多不足。而"三全育人"理念则强调教育的全方位性,不仅关注学生的知识学习和技能培养,而且注重学生的思想道德教育、身心健康教育以及社会实践教育。通过这种方式,可以培养学生的综合素质,使其更好地适应社会的需求。同时,随着社会的快速发展,职业的更迭速度也在加快。许多新兴职业不断涌现,而一些传统职业面临深刻转型与重塑。这就要求教育必须具有前瞻性和灵活性,能够随着社会的变化而调整教育内容和方式。而"三全育人"理念正是具有这种前瞻性和灵活性的教育理念,它强调教育的全程性,即从学生入学开始到毕业离校,都要进行全方位的教育和培养。这样,学生就能够具备终身学习的能力和适应职业变化的能力,更好地应对未来的挑战。

二、教育改革的深入推进呼唤

近年来,我国教育改革不断深入,素质教育、创新教育等理念逐渐深入人心。教育改革的目标是培养具有创新精神和实践能力的高素质人才,而"三全育人"理念正是这一目标的集中体现和具体实践。

素质教育强调学生的全面发展，注重培养学生的综合素质和能力。在过去的实践中，素质教育通常被片面地理解为只关注学生的学业成绩和应试能力，而忽视了学生的思想道德、身心健康以及社会实践等方面的发展。而"三全育人"理念则强调教育的全面性和系统性，将素质教育真正落到实处。它要求全体教育工作者共同参与育人工作，形成全员育人的良好氛围；同时，它要求教育贯穿于学生的整个学习过程，实现全程育人；最后，它还要求教育涵盖学生的各个方面，实现全方位育人。

创新教育则是培养具有创新精神和实践能力人才的重要途径。创新教育并不是简单地增加一些创新课程或者开展一些创新活动就能够实现的。它需要教育者在教育理念、教育方式、教育内容等方面进行全面的改革和创新。而"三全育人"理念正是为创新教育提供了有力的支持和保障。它要求教育者以全新的视角来看待教育问题，以创新的方式来开展教育工作，从而培养学生的创新精神和实践能力。

此外，教育公平也是当前教育改革的重要目标之一。在过去的实践中，教育公平通常被理解为教育资源的平均分配或者教育机会的均等。但这种理解忽略了教育过程的复杂性和多样性，难以真正实现教育公平。而"三全育人"理念则强调教育的全面性和系统性，它要求教育者关注每一个学生的成长和发展，为每一个学生提供适合自己的教育方式和内容。这样，就能够更好地实现教育公平，让每一个学生都能享受到优质的教育资源和服务。

三、国家政策明确导向推动

"三全育人"理念的提出和实践，有明确的政策导向和支持。中共中央、国务院《关于加强和改进新形势下高校思想政治工作的意见》明确提出，要坚持全员全过程全方位育人的要求。这一政策导向为高校思想政治工作指明了方向，也为"三全育人"理念的推广和实践提供了有力的政策保障和支持。

在政策层面，国家通过制定相关法规和政策文件，明确规定了教育的目标和方向，为"三全育人"理念的实践提供了法律和政策依据。同时，国家还通过加大对教育的投入和支持力度，为"三全育人"理念的实践提供了必要的物质保障和资源支持。这些政策措施的出台和实施，为"三全育人"理念的推广和实践创造了良好的外部环境和条件。在高职院校层面，各院校积极响应国家政策的号召，将"三全育人"理念融入学校的各项工作。他们通过加强师资队伍建设、完善课程体系、改革教学方式方法等措施，不断提高育人的质量和水平。同时，他们还积极开展各种形式的育人活动，如社会实践、志愿服务、科技创新等，为学生提供更多的成长和发展机会。这些措施成效的取得，有力地证明了"三全育人"理念的正确性和可行性。与此同时，社会各界也对"三全育人"理念给予了高度关注和积极支持。他们通过提供资金、物资、场地等方面的支持和帮助，为"三全育人"理念的实践提供了有力的社会支持。他们还积极参与各种形式的育人活动，与高职院校共同构建全员参与、全程覆盖、全方位育人的工作体系。

四、高等教育内涵式发展要求实施

在新时代背景下，高等教育正经历从外延式发展向内涵式发展的转变。外延式发展主要关注的是高等教育的规模和数量，而内涵式发展则更加注重高等教育的质量和水平。这种转变是高等教育发展的必然趋势，也是适应社会发展和人才需求变化的必然要求。内涵式发展要求院校注重提高教育质量和办学水平，而"三全育人"正是实现这一目标的重要途径和有效方法。通过全员参与、全程覆盖、全方位育人的方式，院校可以充分调动各方面的资源和力量，形成育人合力，共同推动高等教育的内涵式发展。

在全员参与方面，需要加强师资队伍建设，提升教师的育人意识和能力。教师是育人的主体和关键，他们的素质和能力直接影响到育人的质量和效果。院校需要注重教师的培训和发展，提高他们的专业素养和教育教学能力，使他们能够更好地履行育人的职责和使命。在全程覆盖方面，需要完善课程体系和教学计划，确保学生能够接受到全面、系统的教育和培养。课程体系和教学计划是高等教育的重要组成部分，它们直接决定了学生所接受教育的内容和方式。因此，高职院校需要注重课程体系的构建和教学计划的制定，确保它们能够符合社会发展的需求和人才培养的目标。在全方位育人方面，需要加强与学生的沟通和交流，了解他们的需求和期望，为他们提供个性化的教育和服务。每个学生都是独一无二的个体，他们有着自己的兴趣、爱好和发展方向。同时，"三全育人"理念还要求高职院校注重培养学生的创新精神和实践能力。创新精神和实践能力是当代社会所需人才的重要素质之一，也是高等教育内涵式发展的重要体现。

五、国际竞争和人才战略需求强化

在全球化和信息化的背景下，国际竞争日益激烈，人才成为国家竞争力的核心要素。一个国家拥有多少高素质的人才，很大程度上决定其在国际舞台上的地位和影响力。因此，实施人才强国战略，加强人才培养和引进工作，已成为我国发展的迫切需求。"三全育人"理念正是在这一时代背景下提出的。它强调教育的全面性和系统性，注重培养学生的综合素质和能力，使他们能够更好地适应国际竞争的需求和挑战。通过"三全育人"理念的实践，我国可以培养出更多具有国际视野和竞争力的高素质人才，为我国的经济社会发展提供强有力的人才支撑和保障。

"三全育人"理念还要求高职院校加强与国际社会的交流和合作，借鉴国际先进的教育理念和经验，提高我国高等教育的国际化水平。在全球化时代，国际交流与合作已成为推动高等教育发展的重要力量。通过与国际社会交流先进教育理念,借鉴其成功经验,并开展深度合作,我国可以不断提高高等教育的质量和水平,培养出更多具有国际竞争力的高素质人才。

综上所述,"三全育人"理念的提出有着深刻的时代背景和社会需求。它是社会发展和人才需求转变的必然产物,是教育改革深入推进的必然要求,是国家政策明确导向的必然结果,是高等教育内涵式发展的重要途径,也是国际竞争和人才战略需求的必然选择。高职院校要积极响应"三全育人"的号召,构建全员参与、全程覆盖、全方位育人的工作体系,为培养更多全面发展的社会主义建设者和接班人贡献力量,这是对国家和社会负责的表现,也是对每一个学生未来发展和成长的负责表现。"三全育人"理念的实践,能够为我国的经济社会发展注入新的活力和动力,推动我国走向更加繁荣富强的未来。

第三节 新时代"三全育人"的现实意义

在新时代背景下,"三全育人"理念具有极为深远的现实意义。这一理念不仅仅体现了中共中央、国务院《关于加强和改进新形势下高校思想政治工作的意见》的核心要求,更是对新时代人才培养模式的全面革新与探索,旨在通过全面整合教育资源,构建多元化的育人格局,以满足社会对高素质技术技能型人才的迫切需求。

一、完善高职院校思想政治工作体系,促进教育体系深度融合

"三全育人"理念要求高职院校必须将思想政治工作全面融入教育教学的各个环节,形成教书育人、科研育人、实践育人、管理育人、服务育人、文化育人、组织育人的全方位育人机制。

传统的高职院校思想政治工作通常存在条块分割、各自为政的现象,

思想政治工作与教育教学工作相对分离，难以形成合力。而"三全育人"理念的实施，打破了这种局面，促进了思想政治工作与教育教学工作的深度融合。教师通过课堂教学、科研指导、实践活动等多种方式，将思想政治教育融入学生成长的全过程，使学生在学习专业知识的同时，不断提升思想政治素质。同时，"三全育人"理念还强调院校内各部门之间的协同合作，形成育人合力。教务处、学生处、团委、后勤等部门各司其职，又相互配合，共同为学生的学习、生活、成长提供全方位的支持和服务。这种协同育人的机制，不仅提高了育人的效率，而且增强了育人的效果。此外，在"三全育人"理念的引领下，高职院校还应注重构建长效的育人机制，通过制定相关规章制度、建立育人工作考核机制、加强师资队伍建设等措施，确保"三全育人"理念的长期有效实施。这种长效机制的建立，为高职院校思想政治工作的持续健康发展提供了有力保障。

二、提升人才培养质量，促进全面发展

"三全育人"理念注重培养学生的综合素质和创新能力，高职院校不仅仅要关注学生的知识水平和技能水平的发展，更要重视学生的精神面貌和人文修养的提升。

全员育人的实施，调动了全校师生的积极性和创造力。教师不仅仅在课堂上传授知识，更在课外时间为学生提供指导和帮助；学生也积极参与各种社团活动、志愿服务等，锻炼自己的组织能力和团队协作能力。这种全员参与的育人模式，形成了师生共同成长的良好氛围。

全程育人的实施，确保了思想政治教育贯穿学生的整个学习成长过程。从新生入学教育开始，到毕业离校前的就业指导，思想政治教育始终伴随着学生的成长。这种连续性和系统性的教育方式，有助于培养学生的正确世界观、人生观和价值观，使他们成为有理想、有道德、有文化、有纪律的社会主义建设者和接班人。

全方位育人的实施，促进了学生在思想品德、专业知识、身心健康、艺术素养、社会实践等各方面的全面发展。通过开设丰富多彩的选修课程、举办各种文化艺术活动、组织社会实践和志愿服务等，为学生提供了广阔的发展空间和多样化的成长路径。这种全方位的育人方式，有助于发掘学生的潜能和特长，培养他们的创新精神和实践能力。

三、推动高职院校综合改革，增强核心竞争力

"三全育人"理念的实施，需要高职院校在教育教学、管理服务、资源配置等方面进行全面的改革和创新。这要求高职院校必须打破传统的管理体制和运行机制，建立更加灵活、高效、协同的工作机制，以适应新时代对人才培养的需求。

在教育教学方面，院校需要改革传统的教学模式和方法，采用启发式、讨论式、案例式等多样化的教学方式，激发学生的学习兴趣和积极性。同时，院校还需要加强课程建设，优化课程体系，提高课程质量，确保学生能够学到真正有用的知识和技能。在管理服务方面，应转变管理理念和服务方式，树立以学生为中心的管理理念，提供个性化、差异化的服务；应加强学生事务管理，完善学生资助体系，加强心理健康教育和服务，确保学生的身心健康和全面发展。在资源配置方面，要合理配置教育资源，优化教育资源配置结构，提高教育资源使用效率；需要加大对教学科研的投入，改善教学科研条件，提高教师的教学科研能力和水平。同时，还需要加强校园文化建设，营造良好的校园文化氛围，为学生的成长提供有利的环境和条件。

"三全育人"理念还倡导开放合作、资源共享。高职院校需要与社会各界建立广泛的合作关系，共同为人才培养提供支持和保障。院校可以与企业、行业、科研机构等开展产学研合作，加强人才培养与产业发展的对接和融合。同时，还可以与其他院校、国际组织等开展交流合作，拓宽学生的国际视野，提升学生的跨文化交流能力。此外，通过实施"三全育人"

理念，可以推动综合改革，增强核心竞争力。院校可建立更加灵活、高效、协同的工作机制，提高教育教学的质量和水平；加强与社会各界的合作与交流，拓宽人才培养的渠道和途径；优化教育资源配置结构，提高教育资源使用效率。这些改革和创新举措，有助于提升院校的核心竞争力，为院校的发展注入新的活力和动力。

四、增强高职院校思想政治工作的针对性和实效性，创新教育方式方法

"三全育人"理念强调因材施教、个性化服务，要求高职院校必须针对不同学生的特点和需求，开展有针对性的思想政治教育活动，这有助于增强院校思想政治工作的针对性和实效性，提高思想政治教育的吸引力和感染力。

高职院校需要通过调查研究、数据分析等方式，深入了解学生的思想状况、心理需求和行为特点，为开展有针对性的思想政治教育活动提供科学依据。同时，高职院校还需要根据学生的不同特点和需求，制定个性化的教育方案和计划，确保每个学生都能得到适合自己的教育和服务。此外，也倡导高职院校运用新媒体、新技术等手段创新思想政治教育的方式方法。如利用网络平台等新媒体工具，开展线上思想政治教育活动，拓宽思想政治教育的渠道；运用虚拟现实、增强现实等新技术手段，创设逼真的教育场景，增强学生的参与感和体验感。高职院校还可以通过创新教育方式方法，根据学生的不同特点和需求，开展多样化的思想政治教育活动，满足学生的多元化需求，增强思想政治工作的针对性和实效性。

"三全育人"理念强调思想政治教育的连续性和系统性。院校需要将思想政治教育融入学生的整个学习成长过程，确保学生在不同阶段都能接受到相应的思想政治教育。同时，高职院校还需要加强思想政治教育的衔接和协调，确保不同阶段的思想政治教育内容相互衔接、相互补充，形成完整的思想政治教育体系。

五、解决高职院校根本问题，指引党建工作方向，提供发展新契机

"三全育人"理念的实施，有助于解决高职院校在人才培养过程中存在的突出问题，如重知识传授轻能力培养、重理论灌输轻实践锻炼等。这些问题长期存在，影响了人才培养的质量和效果。而"三全育人"理念的实施，强调了知识传授与能力培养并重、理论灌输与实践锻炼相结合的原则，有助于解决这些问题，提高人才培养的质量和水平。同时，"三全育人"理念强调了党的领导在人才培养工作中的核心作用。院校必须加强党的建设，提高党组织的凝聚力和战斗力，为人才培养提供坚强的政治保证。通过加强党建工作，可以确保人才培养工作的正确方向，培养学生的思想政治素质和道德品质；可以加强党组织的领导力和组织力，推动各项育人工作的顺利开展；可以发挥党员的先锋模范作用，引领广大学生积极向上、奋发有为。

"三全育人"理念的实施为高职院校的发展提供了新的契机和动力。通过实施"二全育人"理念，院校可以整合校内外资源，优化人才培养结构，提高人才培养质量；可以加强与社会各界的合作与交流，拓宽人才培养的渠道和途径；可以推动综合改革和创新发展，增强自身的核心竞争力和影响力。具体来说，第一，院校可以通过实施"三全育人"理念，加强与企业的合作与交流。企业可以为高职院校提供实践基地、实习岗位等资源，帮助学生将所学知识与实践相结合，提高实践能力和创新能力；而院校可以与企业共同开展科研项目合作，推动科研成果的转化和应用，为社会经济发展作出贡献。第二，院校可以通过实施"三全育人"理念，加强与国际社会的合作与交流。通过与国际知名院校、科研机构等开展合作与交流，引进国外先进的教育理念和教育资源，提高教育教学的国际化水平；拓宽学生的国际视野和跨文化交流能力，培养学生的国际竞争力；推动院校与国际社会的深度融合和发展，提高院校的国际影响力和知名度。第三，积极探索和实践符合自身特色的育人模式和方法。不同高职院校具有不同的历史背景、文化传统和办学特色，

因此在实施"三全育人"理念时,需要结合自身的实际情况,进行创新和探索。院校可以借鉴国内外先进的育人经验和方法,但不能简单地照搬照抄,而是要根据自身的特点和需求,进行本土化和创新化的改造和应用。

总之,"三全育人"理念是新时代高职院校人才培养工作的根本遵循和行动指南。院校应深入贯彻落实这一理念,积极探索和实践符合自身特色的育人模式和方法,为培养更多德智体美劳全面发展的社会主义建设者和接班人贡献力量。通过实施"三全育人"理念,不断提高人才培养的质量和水平,为国家的繁荣富强和民族的伟大复兴做出更大的贡献。

第二章

"三全育人"的理论基础、价值意蕴和基本要素

第二章 "三全育人"的理论基础、价值意蕴和基本要素

第一节 "三全育人"的理论基础

习近平总书记在全国高校思想政治工作会议上强调：要坚持把立德树人作为中心环节，把思想政治工作贯穿教育教学全过程，实现全程育人、全方位育人，努力开创我国高等教育事业发展新局面。[①]2017年12月，教育部印发的《高校思想政治工作质量提升工程实施纲要》明确提出：全面统筹办学治校各领域、教育教学各环节、人才培养各方面的育人资源和育人力量，推动知识传授、能力培养与理想信念、价值理念、道德观念的教育有机结合，建立健全系统化育人长效机制。随后，全国各地区、高校持续开展"三全育人"综合改革试点工作，且该试点逐步覆盖大中小学校和幼儿园。在教育强国建设中，需要及时总结提炼推广"三全育人"的理论成果和实践经验，为实现立德树人根本任务提供理论支撑、实践路径与科学指引。

2018年9月，习近平总书记在全国教育大会上指出，"推进教育现代化不能忘记初心，要健全全员育人、全过程育人、全方位育人的体制机制，不断培养一代又一代社会主义建设者和接班人"[②]。新时代的"三全育人"理念是全面推进学校育人工作，提高育人水平，构建良性教育生态，促进教育高质量发展的重要认识基础，它不仅反映了党和国家对教育本质和教育规律的深化认识，也是对"培养什么人、怎样培养人、为谁培养人"这一根本问题的生动解答。准确理解其内涵要义，全面掌握其理论脉络，准确洞察其时代价值，对做好学校育人工作，具有重要的现实意义。

[①] 新华社.为党育人 为国育才——以习近平同志为核心的党中央关心学校思想政治工作纪实 [EB/OL].(2021-12-01)[2025-06-19]. http://m.toutiao.com/group/7036719405107151373/?upstream_biz=doubao.

[②] 中华人民共和国教育部.习近平：培养德智体美劳全面发展的社会主义建设者和接班人[EB/OL].(2024-08-31). https://hudong.moe.gov.cn/jyb_xwfb/moe_176/202408/t20240831_1148231.html.

一、马克思主义关于人的全面发展学说

马克思主义认为,人的全面发展是在一定社会历史条件下的理想追求,也是教育应当追求的重要目标。在生产力发展到一定阶段、社会关系不断优化的进程中,人的体力和智力将逐步摆脱片面发展的状态,而教育作为促进人的发展的重要手段,始终以推动人的全面发展为核心价值追求。这一理念强调,人的发展不仅仅是知识或技能的积累,更是品德、身心、审美以及劳动技能等多方面的综合提升。在《共产党宣言》中,马克思、恩格斯明确提出:"每个人的自由发展是一切人的自由发展的条件。"这一观点为"三全育人"提供了坚实的理论基础,揭示了个体发展与整体发展之间的内在联系。我国教育方针把培养德智体美劳全面发展的社会主义建设者和接班人作为教育工作的根本目的。人的全面发展强调个体在德、智、体、美、劳等各方面的协调发展,强调以共同体构建为条件。"在真正的共同体的条件下,各个人在自己的联合中并通过这种联合获得自己的自由。""三全育人"所要求的全员、全过程、全方位育人的教育理念与其不谋而合。基于马克思主义的人的全面发展学说,教育应致力于培养学生的综合素质,包括知识、品德、身心、审美和劳动技能等各个方面。这要求教育者在教学过程中,不仅仅要传授知识,更要关注学生的品德修养、身心健康以及审美能力的培养,力求实现学生个体的全面和谐发展。

二、现代教育理论

在教育理念不断革新的当下,如何实现更高效、更全面的育人目标成为教育界持续探索的课题。"三全育人"理念为教育实践指明了方向,而与之相契合的现代教育理论则为其提供了坚实的理论支撑(详见表2-1)。

表2-1 现代教育理论架构下"三全育人"的实践路径与理念阐释

教育理论	核心观点	与"三全育人"契合点	实践要求
终身教育理论	教育应贯穿人生全过程,不局限于学校教育阶段	与全程育人理念相契合	关注学生不同发展阶段的学习和成长需求,提供持续教育支持,适应学生学习的各阶段,提供多样化教育资源与方式以满足终身学习需求

续表

教育理论	核心观点	与"三全育人"契合点	实践要求
全人教育理论	教育应关注人的整体发展，涵盖情感、心理、社会等多个层面	与全方位育人理念相呼应	教学过程中不仅仅关注知识积累，更应重视学生情感发展、心理健康和社会适应能力，采取情感教育、心理健康教育和社会实践等多种教学策略促进全面发展
生活教育理论	教育与生活、学校与社会密切联系，教育应贴近生活实际，让学生在实践中学习成长	在"三全育人"实践中，强调教育内容与生活实际结合	通过实践活动、社会服务等方式，增强学生实践能力和社会责任感

三、跨学科理论支撑

教育是一项复杂且多元的工程，在追求"三全育人"这一全面而系统的教育目标过程中，不同学科领域的理论为其注入了全新活力并提供了深度指引。系统论、生态学视角以及社会关系论这三大跨学科理论，它们凭借各自独特的核心观点，为"三全育人"的实施提供具体且有效的应用要点（详见表 2-2）。

表 2-2 跨学科理论在"三全育人"中的应用与支撑概览

跨学科理论	主要观点	在"三全育人"中的应用
系统论	强调整体与部分之间的相互联系和相互作用	教育者需注重各育人环节之间的协调配合，形成合力，具备系统思维，从整体上把握教育过程，协调各方资源，实现教育目标的最大化
生态学视角	关注生物与环境之间的相互作用	教育环境被视为影响学生成长的重要因素，教育者需关注教育环境的优化，创造有利于学生成长的教育氛围
社会关系论	揭示人与社会之间的紧密联系	教育者需关注学生的社会参与和社会实践，通过社会实践、志愿服务等活动培养学生的社会责任感和公民意识，构建有利于学生全面发展的社会环境，为学生提供更多的社会资源和机会

四、现代心理学、社会学及文化研究理论

在"三全育人"理念的引领下，教育的深度与广度不断拓展，需要多学科知识的深度融入。现代心理学、社会学、文化研究领域的核心理论要点以及三者理论的融合运用，为其在"三全育人"实践中的融合应用提供了一定指导，详见表 2-3。

表 2-3　现代多领域理论 驱动 "三全育人"的多元引擎

理论名称	核心要点	在"三全育人"中的应用方式	融合应用示例
现代心理学	个体心理发展与学习环境的互动关系	关注学生心理健康，提供心理支持与辅导，营造利于心理发展的教育环境	心理健康教育中，结合社会学理论关注学生社会适应能力，提供综合心理辅导
社会学视角	社会结构、关系及变迁对个体发展的影响	鼓励学生参与社会活动，增强社会认知与适应能力，依据社会变迁调整教育策略	/
文化研究理论	文化多样性和文化认同的重要性	尊重培养学生文化认同与跨文化交流能力，开设多元课程、组织活动，关注文化差异与需求	文化教育中，融合心理学理论关注学生心理需求与文化差异，培养文化能力
心理学、社会学及文化研究理论融合	理论相互融合、相互支撑	综合运用理论，从多角度关注学生发展需求，提供全面教育支持	/

五、中国特色社会主义教育理论

"三全育人"是以习近平新时代中国特色社会主义思想为指导的教育理念。这一思想强调了坚持和加强党对高校的全面领导，紧紧围绕立德树人根本任务，为"三全育人"提供了明确的政治方向和价值导向。在"三全育人"的实践中，教育者需要始终坚持党的教育方针，将立德树人作为教

育的根本任务,培养学生的思想道德品质和社会责任感。理想信念教育是"三全育人"的重要组成部分,也是中国特色社会主义教育的核心内容。在"三全育人"的实践中,教育者需要重视理想信念教育,通过课堂教学、实践活动等方式,引导学生树立正确的世界观、人生观和价值观。同时,教育者还需要关注学生的思想动态和需求,及时解答他们的思想困惑和问题,帮助他们坚定理想信念、明确人生方向。

社会主义核心价值观是当代中国精神的集中体现,为"三全育人"提供了重要的价值引领。在"三全育人"的实践中,教育者需要积极培育和践行社会主义核心价值观,将其融入教育教学的全过程和各方面。通过课堂教学、校园文化、社会实践等多种方式,引导学生树立正确的价值观念和行为准则,培养他们的爱国情怀、集体意识和社会责任感。"三全育人"强调全面提高人才培养能力,这是实现教育目标的关键所在。在"三全育人"的实践中,教育者需要注重培养学生的综合素质和能力,包括知识掌握能力、实践操作能力、创新思维能力等多个方面。同时,教育者还需要关注学生的个体差异和需求,提供个性化的教育支持和服务,以满足他们的不同发展需求。

"三全育人"要求切实增强工作亲和力和针对性,这是实现教育效果的重要保障。在"三全育人"的实践中,教育者需要注重与学生的沟通和交流,建立良好的师生关系,增强学生的信任感和归属感。同时,教育者还需要关注学生的实际需求和问题,提供针对性的教育支持和服务,帮助他们解决实际问题和困难。"三全育人"体现了中国特色社会主义教育的育人优势。中国特色社会主义教育注重培养学生的思想品德、知识技能、实践能力和创新精神等多个方面,为学生的全面发展提供了有力的支持。在"三全育人"的实践中,教育者需要充分发挥中国特色社会主义教育的育人优势,将立德树人作为教育的根本任务,培养学生的综合素质和能力,为他们的未来发展奠定坚实的基础。

立德树人作为教育的根本任务,在"三全育人"中得到了深入实践。

教育者在教学过程中，不仅仅应注重知识的传授和技能的培养，更应重视学生的品德修养和道德素质的提升。通过课堂教学、校园文化、社会实践等多种方式，引导学生树立正确的价值观念和行为准则，培养他们的爱国情怀、集体意识和社会责任感。同时，教育者还关注学生的心理健康和成长需求，为他们提供全面的教育支持和服务，促进他们的全面发展。

以上理论共同构成了"三全育人"的坚实基石，为其实践提供了有力的理论支撑。在"三全育人"的实践中，教育者需要综合运用这些理论，从多个角度关注学生的发展和需求，为他们提供全面的教育支持和服务。同时，教育者还需要不断创新教育方式和方法，以适应时代的发展需求和学生的成长需求，为培养德智体美劳全面发展的社会主义建设者和接班人作出更大的贡献。

第二节 "三全育人"的价值意蕴

"三全育人"是中国特色社会主义教育理论的新发展，体现了立德树人的内在要求，契合了构建"大思政"的内在规律，顺应了新时代人才培养的内在特征。其价值意蕴深远。

一、体现了立德树人的内在要求

（一）落实立德树人根本任务

立德树人是高校的立身之本，也是衡量人才培养质量的根本标尺。"三全育人"理念，作为马克思主义意识形态根本制度的关键组成部分，是高职教育贯彻立德树人根本任务的内在需求，也是构建高职院校思想政治工作体系的重要举措。这一理念精准契合立德树人的使命，倡导全员参与、全程关注、全方位培养，将立德树人深深植根于高职院校的一切教育教学活动之中。具体而言,"三全育人"要求将立德树人理念融入课程体系,通过精心设置课程,提升教学质量,确保学生在专业学习中获得思想的滋养;融入教材选择,挑选具有正确价值导向的优质教材,引导学生树立正确的三观;融入教学方法,创新教学手段,激发学生的学习热情;融入校园活动,组织丰富多样的文化活动,增强学生的综合素质和实践能力;融入师资建设,加强师德师风培育,提升教师队伍的整体素质;融入管理体系,完善学生管理制度,营造优良的育人氛围。这些举措共同作用于学生的知识积累、能力提升和品德塑造,促进他们的全面发展。

（二）促进学生全面发展

"三全育人"理念不仅仅关注学生的专业知识掌握情况,更高度重视学生的思想道德、文化素养、身心健康等多维度的培养。它强调立德树人作为核心环节,致力于提升学生的思想境界、政治觉悟、道德品质和专业技能,培养出具有健全人格、健康身心、扎实知识技能和全面综合素质的新时代人才。

在全员育人层面,倡导全体教职员工共同参与学生培养,形成全员育人的良好风尚。教师不仅仅要在课堂上传授知识,更要在课外注重培养学生的思想道德品质和文化素养;管理人员要在服务中关心学生的成长,为他们提供贴心服务;后勤人员则要确保学生的生活和学习环境舒适,为他们的全面发展提供坚实保障。在全程育人层面,要求将育人工作贯穿学生整个学习生涯。从新生入学起,就要注重引导和教育,帮助他们快速适应大学生活;在学习过程中,要关注学生的学业和身心发展,及时给予帮助;在毕业离校时,要提供就业指导和服务,助力他们顺利步入社会。在全方位育人层面,强调将育人工作渗透到学生学习和生活的方方面面。除了课堂教学,还要注重实践教学、社团活动、志愿服务等多元化育人途径,为学生提供更多锻炼机会和成长空间。通过这些努力,实现学生德智体美劳全面发展,培养出具有远大理想、高度责任感和全面综合素质的优秀人才。

二、耦合了"大思政"格局的内在规律

(一)整合教育资源,凝聚育人合力

"三全育人"理念强调全员、全过程、全方位育人,要求整合校内外所有教育资源,形成多元化的育人格局。这与"大思政"格局的内在规律不谋而合,即通过构建大思政格局,实现各子系统之间的协同配合,发挥出教育系统的整体效能,提高思想政治教育的针对性和实效性。

在校内教育资源整合方面,要求高职院校各部门加强协作,形成协同育人的良好机制。教务部门要负责课程设置和教学管理,确保教学质量;学生工作部门要负责学生管理和思想政治教育,引导学生树立正确价值观;团委要负责团组织建设和校园文化活动,提升学生综合素质;后勤部门要负责学生生活和服务保障,创造良好学习和生活环境。各部门协同工作,形成全员育人的强大合力。在校外教育资源整合方面,要求高职院校加强与社会联系,充分利用社会资源开展育人工作。学校可以与企事业单位、社会组织等建立合作关系,共同开展实践教学、志愿服务等活动;还可以邀请行业专家、优秀校友等进校园,为学生提供职业规划和就业指导。这些措施拓宽了学生视野,增强了他们的社会责任感和实践能力。

(二)构筑多维并进、互补互动的育人格局

"三全育人"理念要求从校内与校外、课内与课外、线上与线下等多个维度聚焦立德树人根本任务,构筑多维并进、互补互动、综合融通的"大思政"格局。这一格局的实现需要显性教育和隐性教育的有机结合,将思想政治教育渗透到学生学习和生活的各个环节。

在校内与校外维度上,要求高职院校加强与社会的联系,将社会实践纳入育人体系。通过组织学生参与社会实践、志愿服务等活动,让他们在实践中锻炼成长,增强社会责任感和使命感。同时,院校也要加强与企事业单位的合作,共同开展实践教学和实习实训,提高学生的职业素养和实

践能力。在课内与课外维度上,要注重课堂教学与课外活动的融合。在课堂教学中,教师要注重思想政治教育的渗透,将立德树人融入专业知识教学;在课外活动方面,教师要组织丰富多彩的校园文化活动,如学术讲座、文艺演出、体育比赛等,提升学生的综合素质和审美能力。在线上与线下维度上,教师要充分利用互联网、大数据等新兴技术开展思想政治教育,通过线上线下相结合的方式,扩大思想政治教育的覆盖面和影响力。线上方面,可以建立网络思想政治教育平台,开展在线学习、交流互动等活动;线下方面,可以组织实地参观、社会实践等活动,增强学生的实践体验和感悟。

三、顺应了新时代人才培养的内在特征

(一)回应新时代对人才的需求

随着中国特色社会主义进入新时代,我国经济社会发展对人才的需求发生了深刻变化。新时代的人才培养必须紧扣时代主题,培养具有坚定理想信念、掌握过硬知识本领、具有强烈责任担当意识、能够自觉投身于改革开放和中国特色社会主义事业建设中的新时代人才。"三全育人"理念的实施有助于教育工作者把握新时代人才培养的内在特征,回应时代主题和世界百年未有之大变局对高等教育的新要求。在新时代背景下,我国经济社会发展面临着新技术变革、新业态发展、新模式涌现、新产业兴起等趋势,既有机遇又有挑战,这些变化对人才素质结构提出了新的要求。例如,新技术变革要求人才具备创新思维和跨界融合能力;新业态发展要求人才具备敏锐的市场洞察力和创业精神;新模式涌现要求人才具备快速适应变化和持续学习的能力;新产业兴起要求人才具备专业素养和实践经验。为了满足这些需求,"三全育人"理念通过优化教育资源配置、改进教学方法和手段等措施,全面提升学生的综合素质和创新能力。

（二）推动高等教育内涵式发展

"三全育人"理念不仅关注学生的全面发展，而且高度重视高等教育的内涵式发展。内涵式发展强调通过优化教育资源配置、提升教育教学质量、推动教育改革创新等措施，促进高等教育从规模扩张向质量提升转变。

在优化教育资源配置方面，高职院校应根据人才培养需求合理配置教育资源。例如，加强师资队伍建设，提高教师队伍的整体素质和教学水平；加强实验室和实训基地建设，为学生提供更多实践机会和锻炼平台；加强图书资料和信息化建设，为学生提供丰富的学习资源和便捷的学习条件。在提升教育教学质量方面，要注重教学质量和效果的评估与反馈。通过建立完善的教学质量监控体系，对教学过程进行全程跟踪和评估；通过开展教学研究和改革实践，不断探索适应新时代人才培养需求的教学方法和手段；通过加强学风建设和考试管理，营造良好的学习氛围和公平的竞争环境。在推动教育改革创新方面，鼓励高职院校勇于探索和创新人才培养模式。例如，开展跨学科交叉培养试点改革，培养具有跨界融合能力的复合型人才；实施弹性学制和学分制改革，为学生提供更多学习选择和个性化发展空间；加强国际交流与合作，开阔学生的国际视野，提升其跨文化交流能力。

四、推动高职院校综合改革，全面提升人才培养质量

（一）完善高职院校思想政治工作体系

"三全育人"理念要求完善高职院校思想政治工作体系，实现思想政治教育与专业知识教育的深度融合。通过构建全员、全过程、全方位育人的思想政治教育格局，提高思想政治教育的针对性和实效性。

在完善思想政治工作体系方面，强调高职院校要加强思想政治理论课程建设，增强课程的吸引力和感染力；要加强辅导员队伍建设，提升辅导员的思想政治素质和职业素养；要加强校园文化建设，营造良好的育人氛

第二章 "三全育人"的理论基础、价值意蕴和基本要素

围和文化环境；要加强网络思想政治教育，拓展思想政治教育的渠道和空间。实现思想政治教育与专业知识教育的深度融合是"三全育人"理念的重要目标。这要求高职院校在教学过程中注重思想政治教育的渗透和融入，将立德树人贯穿于专业知识教学中；同时，在课程设置和教学内容上注重思想政治教育与专业知识教育的相互衔接和补充，形成协同育人的良好机制。

（二）全面提升人才培养质量

"三全育人"理念有助于全面提升学生的综合素质和创新能力。通过优化教育资源配置、改进教学方法和手段等措施，促进学生在知识、能力、品德等多方面实现全面发展。

在优化教育资源配置方面，要求高职院校根据人才培养需求合理配置教育资源，如加强师资队伍建设、实验室和实训基地建设等，为学生提供更优质的学习条件和实践机会。这些资源的优化配置将有力支撑学生的专业素养提升和实践能力培养，为他们的全面发展提供坚实保障。在改进教学方法方面，鼓励学校采用多样化的教学方法和手段，如案例教学、项目式教学、翻转课堂等，以激发学生的学习兴趣和积极性。这些新颖的教学方法和手段将有效提升学生的自主学习能力和创新思维，培养他们的批判性思维和解决问题的能力。

（三）深入推进高职院校综合改革

"三全育人"理念的实施需要高职院校在体制机制、师资队伍、教学资源等方面进行全面改革和创新。通过深入推进院校综合改革，优化教育资源配置，提高教育教学质量和管理水平，为"三全育人"理念的顺利实施提供有力支撑。

在体制机制改革方面，要求院校建立健全协同育人机制，加强各部门之间的协作与配合，形成全员育人的良好氛围。同时，要完善学生管理制

度，增强学生的自我管理和自我教育能力，营造良好的学风校风。在师资队伍建设方面，要加强教师队伍的建设和管理，提升教师的思想政治素质和职业素养。通过加强师德师风建设、开展教学培训和学术交流等活动，提高教师队伍的整体素质和教学水平，为人才培养提供有力保障。在教学资源建设方面，则要求学校在课程体系、教材选择、教学方法、校园活动、师资队伍和管理体系等各个方面融入育人元素，以促进学生全面发展。通过不断优化和创新教学资源，为学生的学习和成长提供更加丰富多样的选择和更加广阔的发展空间。

这些都展现了"三全育人"的价值意蕴不仅在于其对学生全面发展的促进，而且在于其对高等教育质量的提升、对社会需求的满足以及对国家未来发展的贡献。

第三节 "三全育人"的基本要素

一、高职院校"三全育人"的主体

（一）政府资源统筹，做好教育顶层设计

高职教育建设成功的核心在于形成广泛的价值共识，通过文化的力量传递道德教育，以及在一个崇尚德行的文明环境中进行人的塑造和熏陶。在这一过程中，政府应通过激发正向的道德认同和情感来推动道德建设。例如，通过向道德榜样学习、建立公益品牌、鼓励广泛参与社区和环境改善项目，以及推动形成区域性的文明共同体等措施，创建一个在社会的每个角落都能育人的氛围。

为了营造这种全社会的育人氛围，政府需要制定全局的策略和相应的激励政策。从社会各界选拔政治素质高、专业能力强的人才担任大学生的校外兼职辅导员、班主任、班级导师等，这些兼职辅导员、班主任、班级

导师可以引导学生进行有意义的社会实践活动,并在劳动和生产的过程中锻炼学生。此外,政府应该协调社会资源,对家长进行家庭教育方法的培训,从城市到农村,逐步扩大覆盖范围,为学生在社会和家庭两个层面创造一个有利于成长的环境。通过这些综合措施,高职院校可以更好地培养学生的道德素养和专业技能,实现学生成才的目标。

(二)学校教育落实,搭建教育主体平台

每所学校都经历了不同的发展阶段,理解并适应这些阶段对于校内组织架构和业务分工的优化十分重要。调整内部结构,明确责任,可以极大地提高学校职能的运转效率。此外,提升学生的道德标准首先需要从教师队伍开始,如通过对教师的政治信念和道德水平进行严格的考核,结合自学和多维度评估方法来选拔教师。

根据马斯洛的需要层次理论,人的需求从低到高排列,为基本的生理和安全需求,爱和归属感、尊重及自我实现等更高层次需求。教师作为知识分子,其高层次的需求,如尊重和自我实现的需求,若得到满足,将极大激发其工作的积极性。为此,学校可以通过塑造鲜明的品牌形象、明确学校发展与个人成长的联系,以及展示学校从过去到未来的影响力愿景,激发教职员工的使命感和荣誉感,从而凝聚人心,汇聚力量。

在育人环境的建设上,学校应当不仅优选育人者,而且应加强教育场域的硬件和软件设施。通过增强学校的硬件设施,如图书馆、实验室和运动设施,学生可以获得更好的学习和生活体验,全心投入学习和实践活动。同时,应重视同伴之间的教育作用,通过设立同伴课堂来加强课程学习、志愿服务、科研竞赛和心理辅导等活动,让榜样的力量在学生中产生积极影响。

此外,为了更好地理解和引导学生群体的思想动态,学校可以设立学生信息员,这些信息员应具备正确的世界观、人生观和价值观,以便有效进行舆情监控和及时解决可能出现的问题,保证学校环境的和谐与学生的健康成长。

(三)家庭教育完善,形成家庭育人氛围

父母作为孩子的第一任老师,对他们的成长和价值观形成具有深远影响。因此,强化家庭教育的重要性不言而喻。家庭不仅是孩子情感依附和个性塑造的第一站,而且是培养他们未来责任感和社会角色的基础。青年作为国家的未来,他们的成长轨迹直接关联到国家的发展前景。保持青年一代心态积极乐观,培养他们面对困难坚韧不拔的精神,是民族进步和繁荣的希望。

为了使家庭在育人过程中发挥作用,政府的介入是十分有必要的。通过投资和资源协调,政府可以为家长提供专门的"家庭教育课堂",旨在提升父母对教育的理解,使其掌握更有效的教育技巧,从而创造一个和谐、温馨的家庭环境。这些努力将不仅能增强家庭作为社会基本细胞的功能,而且将进一步促进健康家庭育人氛围的营造,为青年的全面发展提供坚实的基础。

二、高职院校"三全育人"的内容

(一)心理健康教育

心理健康教育在"三全育人"理念中不仅仅是教育活动的核心组成部分,更是推动综合教育改革深入实施的关键载体。这种教育需要构建一个多元协同的组织体系、全域监控的实践体系和全方位融合的方法体系。这种全面的方法不仅是解决当前大学生心理健康教育面临的挑战的必要措施,而且是在新时代下探索和创新大学生心理健康教育模式的有益尝试。

通过这种综合性的心理健康教育策略,我们可以更有效地关注和回应学生的心理需求,提供必要的支持和干预,从而促进他们的整体发展。这样的做法不仅有助于学生在校园内外的适应和成长,而且为他们的健康和幸福奠定了坚实的基础。

（二）专业知识教育

专业知识教育是"三全育人"策略中的重要组成部分，既涵盖专业理论课程的教学，又是高职院校立德树人任务的基础。在这一教育模式中，立德强调道德教育的优先，通过树立并弘扬正确的价值观来引导和激励学生；树人则侧重通过专业教育培养学生的专业能力，塑造他们的整体人格。

课堂教学是这一教育策略实施的主要场所。在这里，专业知识的传授与价值观的引导同步进行，从而形成了一个以专业知识为基础，同时着力培养学生的国家责任感、人文情怀以及科学文化素养的综合课程体系。这种教学模式不仅增强了学生的专业技能，而且丰富了他们的思维方式和文化视野，为他们成为具备全面发展能力的高素质技术技能型人才打下坚实的基础。

（三）实践技能教育

学生专业理论素养、综合素质和实践创新能力的提升，是育人实效的根本体现，努力提升专业理论教育与实践教育相结合的教学模式是全面提高学生理论和实践能力的体现。实践技能教育通过课程知识与实践的有机结合，逐步实现爱国主义、哲学辩证思想、认识发展观、科学素养、品格意志力、社会规则秩序和安全意识七个方面的育人目标。

三、高职院校"三全育人"的载体

高职院校"三全育人"的实现，依赖于多元化的载体体系。这些载体相互关联、相互促进，共同构成了高职院校育人的完整框架。

（一）课程载体

课程是高职院校育人的基础载体。专业课程与思政课程的有机融合，是实现"三全育人"的重要途径。

专业课程不仅传授专业知识，而且蕴含着丰富的思政元素。高职院校深入挖掘专业课程中的思政内涵，将价值观引领和思想启迪融入专业教学过程。通过案例分析、讨论交流等方式，引导学生在掌握专业知识的同时，思考职业道德、社会责任等深层次问题，培养学生的职业素养和社会责任感。思政课程作为思想政治教育的核心，承担着树立学生正确世界观、人生观和价值观的重任。高职院校注重思政课程的创新与发展，结合时代特点和学生实际，设计富有吸引力和感染力的教学内容。通过课堂讲授、实践体验等多种教学方式，激发学生的学习兴趣和思考热情，帮助学生形成坚定的理想信念和正确的价值判断。

（二）科研载体

科研是育人的创新源泉，科研项目和学术交流构成了高职院校科研育人的两个重要方面。

科研项目是高职院校学生创新思维和实践能力培养的重要途径。高职院校鼓励学生参与科研项目，让学生在科研过程中体验科学精神，增强学术诚信意识。通过参与科研项目，学生学会了如何提出问题、分析问题、解决问题，培养了创新思维和实践能力。同时，科研项目还为学生提供了与专家学者交流的机会，拓宽了学生的学术视野。学术交流则是高职院校学生学术成长的重要平台。高职院校组织学术讲座、研讨会等活动，为学生提供与专家学者面对面交流的机会。通过学术交流，学生了解了学术前沿动态，激发了学术兴趣，也学会了如何表达自己的学术观点和研究成果。这些经历对学生的学术成长和未来发展具有重要意义。

（三）实践载体

实践是检验真理的唯一标准，也是高职院校育人的重要环节。实习实训和社会实践活动为学生提供了广阔的实践舞台。

实习实训是高职院校学生职业技能培养的重要方式。通过校企合作、产教融合等途径，学生得以在真实的工作环境中锻炼技能、体验职业。企业导师的指导和实践经验的积累，帮助学生将理论知识转化为实际操作能力，实现知行合一。同时，实习实训过程中的团队协作和沟通交流，也培养了学生的团队合作精神和职业素养。社会实践活动则是学生了解社会、服务社会的重要途径。高职院校组织学生参与社会调研、志愿服务、公益活动等，让学生在实践中增强社会责任感和使命感。通过与社会各界的接触和交流，学生拓宽了视野，增长了见识，也学会了如何运用所学知识和技能为社会作出贡献。

（四）文化载体

文化是育人的灵魂，校园文化活动和网络文化平台为高职院校学生提供了丰富的文化滋养。

校园文化活动形式多样、内容丰富，是高职院校文化育人的重要方式。学术讲座、文化展览、文艺演出等活动，不仅丰富了学生的课余生活，而且陶冶了学生的情操，提升了学生的文化素养。通过参与校园文化活动，学生得以在轻松愉快的氛围中接受文化的熏陶和感染，形成积极向上的精神风貌和审美情趣。网络文化平台则是高职院校文化育人的新阵地。随着互联网的普及和发展，网络文化已经成为当代大学生生活的重要组成部分。高职院校利用校园网、微博、微信等网络平台，开展线上思想政治教育和文化传播活动。通过发布正能量信息、开展网络主题教育等方式，引导学生形成正确的网络行为规范和价值观，增强网络素养和自律意识。

（五）网络载体

网络是育人的数字化支撑，在线学习平台和虚拟实践社区构成了高职院校网络育人的两个核心载体。

在线学习平台是高职院校拓展知识传播边界的重要工具。通过搭建智慧教学系统，高职院校能够整合优质课程资源，打破传统课堂的时空限制。

平台可运用大数据分析学生行为轨迹，精准推送个性化学习方案，同时，在线学习平台还能构建师生实时互动空间，通过 AI 助教 24 小时答疑、云端小组研讨等功能，形成"泛在化"学习生态。虚拟实践社区是高职院校深化能力培养的创新场域。学生可在虚拟车间完成高危设备操作训练，通过动作捕捉系统实时纠正技术误差。社区同步开设"云端创客空间"，跨专业团队能协作开发智能机器人、工业 App 等项目，利用区块链技术实现创意成果转化。这种虚实融合的实践模式，既保障了教学安全性，又培养了学生的数字化协作与创新能力。

（六）心理载体

心理是育人的内在基础，心理健康教育和心理辅导构成了高职院校心理育人的两个重要方面。

心理健康教育是高职院校学生心理健康教育的重要组成部分。高职院校通过开设心理健康教育课程、举办心理健康讲座等方式，普及心理健康知识，增强学生的心理健康意识。同时，高职院校还注重培养学生的积极心态和心理调适能力，帮助学生建立正确的人生观和价值观。心理辅导则是高职院校学生心理健康教育的重要补充。对于存在心理困扰的学生，高职院校提供个别辅导和心理支持服务。通过心理辅导，学生能够及时了解自己的心理状态和需求，学会如何调整自己的情绪和行为，促进心理健康发展。

（七）管理载体

管理是育人的保障，学生管理和教师管理构成了高职院校管理育人的两个重要方面。

学生管理是高职院校育人的基础环节。通过制定和执行学生管理制度，规范学生行为，培养学生的纪律意识和规则意识。高职院校注重学生自我管理能力的培养，鼓励学生参与学生组织、担任学生干部等，锻炼学生的组织协调能力和团队合作精神。同时，高职院校还加强对学生日常生活的关心和帮助，为学生提供心理咨询、就业指导等贴心服务，满足学生的个性化需求。教师管理则是高职院校育人的关键环节。加强教师队伍建设，提高教师的思想政治素质和教育教学能力，是高职院校管理育人的重要任务。高职院校注重教师的师德师风建设，引导教师以身作则、为人师表，成为学生的榜样和引路人。同时，高职院校还加强对教师的培训和发展支持，提高教师的专业素养和教学能力，为育人工作提供有力保障。

（八）服务载体

服务是育人的延伸，学生服务和后勤服务构成了高职院校服务育人的两个重要方面。

学生服务是高职院校育人的重要环节。高职院校注重为学生提供全方位、多层次的服务支持，满足学生的个性化需求。心理咨询服务帮助学生解决心理困扰，增强心理调适能力；就业指导服务为学生提供职业规划和就业指导，帮助学生顺利就业；学业辅导服务则为学生提供学习上的帮助和支持，促进学生学业进步。这些服务不仅解决了学生的实际问题，而且增强了学生的归属感和幸福感。后勤服务则是高职院校育人的基础保障。高职院校注重改善校园基础设施，提供安全、舒适的学习和生活环境。宿舍管理、食堂管理、校园安全管理等工作都直接关系到学生的切身利益和生活质量。高职院校通过加强后勤服务管理，提高服务质量，为学生的成长和发展提供有力保障。

（九）资助载体

资助是育人的经济支持，奖助学金和勤工助学构成了高职院校资助育人的两个重要方面。

奖助学金是高职院校激励学生努力学习的重要方式。通过设立奖助学金，高职院校能够表彰优秀学生，激励其他学生向优秀看齐。同时，奖助学金还能帮助经济困难的学生完成学业，减轻他们的经济负担，让他们更加专注于学习和发展。勤工助学则是高职院校学生获取经济收入和锻炼能力的重要途径。高职院校提供勤工助学岗位，让学生在劳动中锻炼能力、增长见识。通过勤工助学，学生不仅能够获得一定的经济收入，而且能够学会如何与他人合作、如何解决问题等实用技能，为未来的职业发展打下坚实基础。

（十）组织载体

组织是育人的重要力量，学生组织和党组织构成了高职院校组织育人的两个重要方面。

学生组织是高职院校学生自我管理、自我教育、自我服务的重要平台。高职院校支持学生会、学生社团等学生组织开展丰富多彩的活动，培养学生的组织能力和团队合作精神。通过参与学生组织活动，学生能够锻炼自己的领导能力、沟通协调能力和创新思维能力等，为未来的职业发展做好充分准备。党组织则是高职院校学生思想政治教育的核心力量。通过组织生活、主题党日等活动，党组织能够加强学生的党性教育和思想政治教育，引导学生树立正确的世界观、人生观和价值观。同时，党组织还能够为学生提供实践锻炼的机会和平台，让学生在实践中增强党性修养和社会责任感。

第三章 高职院校"三全育人"的实施方法

第三章　高职院校"三全育人"的实施方法

第一节　理论教育法

一、理论教育的地位

理论教育是思想政治教育的根基,强调通过系统的学习、教育和宣传来培养正确的思想观念和科学精神。20世纪初,列宁就曾强调,科学的、系统的社会主义思想不可能自发产生,而必须通过自觉的教育努力。这一论断奠定了思想政治教育中理论教育的重要地位。

理论教育旨在利用马克思主义的立场、观点和方法,对人们的思想道德观念进行系统的教育和引导。通过这种教育,人们不仅能够树立正确的政治方向和科学的世界观,而且能形成健全的人格和良好的道德习惯。

在进行理论教育时,应该注意以下几个方面:一是采用启发式教学方法,循序渐进地引导学生,避免简单的填鸭式教学。二是教育内容要具有针对性,既要全面又要突出重点,使理论与实际相结合。三是对待学生要平等尊重,以促进他们的积极参与和自主思考。四是教学时要深入浅出,用理性的论述来说服学生,同时讲究教育的艺术性,使理论教育更加生动和有效。这样的教育方法不仅提高了教育的效果,而且帮助学生形成了全面发展的人格。

二、加强理论教育的必要性

（一）对大学生进行社会主义思想教育的需要

青年一代的人生观是个人和社会意识的综合体现,既包括个人对生活目标和意义的稳定看法,又反映了特定社会集团或阶级的共同意识。这种人生观不仅反映了现实社会的关系,而且是历史文化和民族传统的积淀与演变的结果。一旦形成,这种观念可以成为推动或阻碍社会进步的重要精神力量。

为了促进国家精神文明的建设,不可忽视对公民尤其是青年的进步思想的培养。实现这一目标,关键在于加强思想政治理论教育,通过系统的教育活动,不仅仅传授知识,更重要的是塑造青年的世界观、人生观和价值观,引导他们形成积极向上的人生态度。这种教育应当深入而广泛,结合青年的实际经历和社会实践,使他们能够在理解和批判现实的基础上,构建符合社会主义核心价值观的健全人生观。

(二)社会主义市场经济发展的需要

社会主义市场经济的发展为我们探索社会主义发展道路提供了新的思路。这种经济模式的核心挑战在于如何保持市场经济的活力,同时使其符合社会主义的本质,即在保持社会主义制度优越性的同时,推动经济迅速增长。在社会主义与市场经济结合的过程中,存在一个长期的适应和调整阶段。在此期间,加强系统的社会主义思想教育,使之与市场经济的运作紧密相连,显得尤为重要。

社会主义市场经济的健康发展,需要思想政治教育发挥价值引领和思想保障作用。通过培育与市场经济相适应的诚信意识、契约精神和社会责任观念,引导市场主体在经济活动中遵循公序良俗,增强对社会主义市场经济本质的认同;同时,通过凝聚社会共识、化解思想分歧,为经济发展营造稳定的社会心理环境,间接助力经济治理效能的提升,推动社会主义市场经济在正确轨道上持续发展。

(三)信息技术发展的需要

信息技术,尤其是网络技术的快速发展,极大地丰富了信息的种类和传播方式,加快了信息更新的频率,并创造了一个充满知识的新环境。这为青年人的全面成长和发展提供了前所未有的机遇。然而,网络中信息的多样性和复杂性,以及部分西方思潮的不当传播,也对青年人的思想观念带来了挑战。这些信息中既有人类文明的共同成果,又夹杂着与我国主流价值观不符的内容,需要引导青年人理性辨别。

在这种背景下,利用现代化教育技术应对信息时代的挑战成为必要之举。思想政治教育需要不断更新教育内容,创新教育方法,以增强教育的实效性。这不仅仅包括加强理论学习的深度和广度,更要创造性地利用网络和其他信息技术手段来吸引和引导青年人正确认识和分析网络信息,培养他们的批判性思维。

同时,思想政治教育工作者应密切关注全球信息化的趋势,主动适应这些变化,通过教育创新来有效应对西方思想的影响,使青年人能在健康的思想环境中成长,发展成为有责任感、有理想的社会成员。这样,我们才能使思想政治教育在信息化时代继续发挥其核心作用,助力青年一代健康成长。

三、理论教育的具体方式

(一)讲授讲解法

1. 讲授讲解法的层次

讲授讲解法在思想政治教育中具有两个基本层次:述和解。

述的层次主要是讲授,教师通过叙述和描述的方式,向学生讲解基本概念、原理和理论,这一过程把思想政治品德要求转化为理论知识传达给学生,使他们初步了解这些社会思想政治品德要求的本质及其历史背景。这种讲述帮助学生建立起对思想政治理论的基本认知,为更深入的理解奠定基础。

解的层次则进一步深化,涉及讲解、分析和论证。在这一层次上,教师对相关的思想政治品德要求和理论进行深入探讨,通过系统而严密的论证,帮助学生深化理解这些思想政治品德的社会要求和理论依据。此阶段的目标是促进学生对这些理论的深刻理解和内化,使其能够在实际生活和行为中自然地体现这些品德和理论。

通过这两个层次的讲授讲解,思想政治教育不仅仅传达知识,更通过深入分析和实际应用,助力学生形成稳固的价值观和行为准则,从而有效地内化为个人的思想和行动。

2. 讲授讲解法的载体

讲授讲解法通常在课堂教学中实施,这一方式在全球范围内被广泛用于思想政治教育或道德教育。根据道德发展认知理论,德行的发展与认知水平紧密相关,即个人的道德成长依赖于其认知发展。因此,道德和思想品德的培养必须建立在深入了解相关知识的基础之上,这也成为课堂思想政治教育教学的重要理论支撑。

在国际视野中,无论是中国还是其他国家,思想政治教育的课堂教学都有共同的特点:根据各自国家的国情和社会发展需求,制定相应的培养目标和教学计划,开设相关的思想政治教育及道德教育课程。这样的做法能够保证教育内容与国家的社会、政治发展目标相一致,同时促进学生在认知与道德层面的全面发展。

3. 讲授讲解法的主要原则

(1)注意讲授理论的透彻性和明确性

理论要彻底,才能抓住人的思想。所谓彻底,就是抓住了事物的根本,揭示其本质。教育者必须全面、系统地掌握所传授的理论,才能在教学过程中保证所传授理论的透彻性和明确性。也就是说,要说服他人,首先必须说服教育者自己。

(2)注意语言文字的使用艺术

语言文字具有独特的感染力与影响力。教育者要抓住受教育者的思想,除了构建清晰严谨的理论体系之外,还要具备将理论的深度与完整性精准传递给受教育者的能力。在实践过程中,教育者要善于摆事实、讲道理。

（3）进行启发式教学

在思想政治教育中，设置疑问并以此引发讨论是营造积极课堂氛围的有效策略。提问不仅可以激发学生的求知欲，而且能引发他们的思考和好奇心，从而激活思维的活跃度。大学生正处于思想和知识不断积累的关键阶段，他们对各种问题保持浓厚的兴趣，并不满足于简单接受现成的答案。这种渴望独立思考、深入探究的心理特征为思想政治教育提供了极佳的契机。

思想政治教育者应充分利用这一特点，通过巧妙设问促使学生自行发现问题并积极参与讨论。这种方法不仅能够促进学生的自主学习，而且能增强他们解决问题的能力，从而为学生在思想政治领域的研究和探索创造良好条件。教师在这个过程中需要具备高度的政治责任感和使命感，通过设疑引导学生积极思考，有效激发学生对思想政治问题深入探索的热情。这样的教学方式不仅符合大学生的心理发展特点，而且能有效提升他们的思辨能力和学术层次。

（4）防止填鸭式或注入式教学

传统的思想政治教育将社会思想政治品德要求和理论变为死记硬背的教条，往往是教师在课堂上单向输出。这种填鸭式或注入式教学是理论教育法的死敌，极大削弱了教育的实效性与感染力。

（二）理论学习法

理论学习法主要涉及深入阅读和理解马克思主义经典著作，通过系统学习其基本原理，并将这些理论与实际情况结合起来，以掌握马克思主义的立场、观点和方法。这种学习方式是通过有组织、有计划的集体或个人学习来深化对马克思主义理论以及党的路线、方针、政策的理解，是一种有效的自我教育方法。

阅读是理论学习的核心方式之一，通常通过读书、阅览报刊和网络文本的方式进行。读书不仅是获取知识的途径，而且是引导人们独立思考和应用所学知识的自我教育方式。在思想政治教育中，阅读内容广泛，包括政治理论、历史、法律、伦理道德及人生修养等，这些内容需与个人的思想和工作实际紧密结合。有效的读书活动通常包括：确定阅读主题，制定读书列表，提供必要的指导，组织评议讨论，分享读书体会，举办知识竞赛，并对表现突出的读者给予奖励，以深化读书的效果。此外，读书活动应鼓励交流与讨论，以促进更深入的理解和应用。

同时，阅读报刊也是一种常用的学习方法，尤其适合学习党的路线、方针和政策，提高思想政治觉悟。报刊作为传播真理、唤醒人民意识的重要工具，以及作为党同人民群众联系的精神纽带，具有强烈的政策性和时事性，虽理论性相对较弱，但更新迅速，信息量大，能够及时反映当前事务，引导公众意见。通过系统的报刊阅读，大学生能及时掌握领导层的意图，提高对党的路线、方针和政策的理解和执行自觉性，从而有助于确立正确的方向，统一思想和行动。有效的报刊阅读活动应结合思想政治教育的要求，精选内容并引导学生批判性地阅读，增强教育效果。

（三）理论培训法

1. 理论培训法的特点

理论培训法的特点主要是集中、深入和高效。首先，集中性体现在将被培训人员、培训时间以及学习内容和材料高度集中，这种集中化的策略有助于突破性地解决问题。其次，深入性指的是虽然参与人员数量有限，但能够使用大量资源，这使得讨论成为真正具有探究性的讨论，也使得学习能更深入地触及问题核心。最后，高效性是指在有限的时间内，通过集中所有精力进行密集讨论和研究，这种方式比其他教育形式能更快速、有效地达到预定的教育目标，不仅优化了资源利用，而且加强了学习的针对性和实效性。

2．理论培训法的要求

理论培训方法的核心在于集中学习内容、人员和问题讨论，这种方法不仅有助于相互启发，加深对政治理论的理解，而且便于交流和探索解决实际问题的策略。

首先，精确确定大学生的实际需求，并据此选择专题。专题的选择应避免过于宽泛或过于狭窄，宜选择能够将理论知识与实际问题相结合的主题。

其次，根据大学生的理论水平和文化水平精心挑选合适的学习材料和书目。这些材料既要有足够的挑战性，以促进学生的学习和思考，又不能过难，以避免学生感到力不从心。

再次，进行有效的辅导并组织有针对性的讨论。辅导和讨论应考虑专题的重点、难点以及理论与实践的结合点，以引导学生深入理解并激发他们的思考。

最后，实施培训检查。这是一种了解和评估学生在学习过程中理论掌握的广度与深度，及其分析和解决实际问题能力的有效手段。

3．理论培训法的步骤

首先，必须明确培训的目的、方向和方式，也就是培训需要解决的问题、解决问题的方式，使参与培训的大学生具有强烈的目的性。

其次，要有相当质量的参考学习资料和细致的学习过程。学习资料既可以是理论原著、论文等，又可以包括数据库资源。

再次，学习过程要有良好的组织，通常是自主学习和辅导学习相结合。

最后，培训要有考核。考核就是要制定一个衡量标准，以促使培训优质高效地实现目的。

（四）宣传教育法

1．宣传教育法的原则

宣传教育工作依据宪法原则、党内法规及相关政策要求，既服务于一定时期内党和国家的中心工作、基本路线宣传，又面向全体公民开展常态化思想引导——包括对不同群体（如青少年、大学生、基层群众等）的思想认识问题进行精准引导，以及对国际国内重大事件进行客观分析和正向解读，在贯穿全年、覆盖全员的过程中，推动主流价值观深入人心。其原则主要有：宣传教育所使用的理论要能与当时中国的实际、大学生的实际紧密结合，做到有理有据；宣传教育所使用的形式是多种媒介的组合，而且应当是最佳的媒介组合；宣传教育内容应做到事实与理论相统一，既要基于客观事实阐述观点，又要结合理论阐释深化认知。避免脱离实际的空洞理论说教，也防止仅罗列事实而缺乏思想引领，确保内容既有事实依据，又有理论深度。

2．宣传教育法的基本方式——专题讲座

专题讲座是思想政治教育中一种高效的教学方式，能够通过系统地探讨某个具体的思想政治议题，帮助大学生形成全面的理解和认识。这种方法能够深入阐述重要的思想问题，如抗震救灾英雄事迹、大学生文化素质等专题，通常关注大学生所关心的当前政治热点或重大社会事件。

在高职院校的"三全育人"教育活动中，专题讲座是常用的形式之一，通常包括两个阶段。首先，讲座人会对选定的专题进行详尽的讲解。其次，会安排一段时间让学生与讲座人进行互动交流，这一环节鼓励学生提出问题，让他们能够得到即时的回应。通过这种方式，专题讲座不仅提供了知识的传递渠道，而且激发了学生的批判性思维，促进了他们对社会和政治重要问题的深刻理解。

3．宣传教育法的新方式——网络教育

在当今的电子媒介中，网络已成为一种极具现代特色的传播工具。它以庞大的信息容量、即时更新功能、广阔的视野以及声音、光影、图像和文字的多媒体并行展示而著称，不仅能进行有效的外部引导，而且能激发个体的内部思考。网络的吸引力和影响力在很多方面已超越了传统的电影和电视媒体。

网络作为一个强大的社会舆论环境和信息传播平台，其传播的内容具有高度的公开性和显著性，报道迅速且具有持续性，知识和信息的积累量巨大。因此，网络上强调的观点往往容易被视为主流意见，并被大学生广泛接受。

鉴于此，高职院校在实施"三全育人"工作中应充分利用网络这一新型传播媒介进行宣传教育。通过网络，学校可以更有效地传播教育内容，同时促进学生对重要社会和政治问题的理解和参与，在促进学生全面发展的同时，加强其社会责任感和公民意识。

（五）研究性学习法

在现代高职院校的"三全育人"框架中，教育模式已从传统的理论传授转变为重视教授学习和应用的方法。大学生不再只是被动地接受和储存知识，而是通过主动探讨并结合实际情况，能动地应用和发展理论。芝加哥大学教授施瓦布指出，现代学习实质上是一个探究的过程，强调探究方法的重要性以满足教育者在创造力培养上的需求。布鲁纳的发现教学法进一步强调了学习者的探究性和自主性，主张通过培养探究性思维的方法，使学生通过探索步骤来发现知识。

此外，问题教学法、程序教学法和学导式教学法等，都是通过让学生主动研究来学习和发现知识的教学策略，旨在激发大学生的主动性和创造性，培养他们的学习和研究能力。

市场竞争的加剧、人的主体性的增强、社会开放程度的扩大和信息化的发展，推动了学习活动突破时空限制，形成了终身学习、学习型社会和学习型组织的新格局。这些变化促使人们通过持续学习来获得资源和创造力。在高职院校的教育过程中，教育者、受教育者和教育环境之间的关系已不再是单向单一的，而是展现为多边互动、转化和交流的模式，形成了一种对话式、合作式和研究式的学习环境。

第二节 自我教育法

一、自我教育法的内涵

（一）自我教育法的定义

自我教育法是一种强调自主性和个人责任的教育方法，它要求受教育者根据思想政治教育的目标和要求，主动进行自我教育和自我提升。这种方法涵盖了自我学习、自我反省、自我修养、自我批评和自我改造等多个方面，旨在使个人主动吸收先进思想，提高自身的思想政治素质，并自觉地纠正错误的思想和行为。

自我教育法的核心在于"教是为了不教"，即通过培养个人的自我教育能力，最终达到无需外来干预即可持续成长和改进的状态。这种教育方式不仅体现了对受教育者主体地位的尊重，而且随着大学生自我意识的增强，成为一种越发重要的教育方法。通过自我教育，学生能够在日常生活和学习中不断审视和完善自己，从而形成持续自我驱动的学习和成长模式，有效地提升个人的综合素质和社会适应能力。

（二）自我教育法的特点

1. 主动性与针对性的统一

在思想政治教育过程中，个人既是自我教育的主体，又是自我教育的客体。这种主客体合一的教育方式，使得受教育者能够以高度的主动性与自觉性，从自身内在的特点出发，不断提升自己，以达到社会道德规范所要求的水准。

2. 目的性与选择性的统一

从自我教育的内涵可以看出，在进行自我教育时，可以带着明确的目的去选择。在人生中，走什么样的路，树立什么样的世界观、人生观和价值观,每个人在解决这一问题的时候,虽然外部因素有一定影响,但内部因素是起决定作用的。自我教育客观地体现了这种要求,它把个人目的与选择有机统一了起来,使人的主观能动性得到正确而极大的发挥。

3. 社会性与个体性的统一

个人是组成社会的细胞,社会是个人生存和成长的空间。自我教育是一种将个人的社会性与个体性相统一的教育。自我教育既使个体的社会化程度得到提高,又使个体的价值在相应的社会关系中表现出来。

4. 体现了人的自我调节结构

从心理学的角度讲,人的个性心理结构中存在着调节结构——个体调节自己的个性,使之符合社会和环境的要求。这种调节结构包括自我观察与自我批评、自尊与自信、自我检查与自我监督三个方面。正是这种调节结构的存在,使每个人通过自我教育、自我修养而达到自我完善成为可能。

二、自我教育法的理论依据

(一)内因与外因的辩证关系理论

马克思主义关于内因与外因的辩证关系理论为自我教育方法提供了根本的理论基础。在辩证唯物主义中,变化的驱动力主要来自内因,这是事物变化的决定性因素,而外因则提供必要的条件,只有通过内因,外因才能发挥作用。

在思想政治教育过程中,教育者的角色是传达正确的理论、价值观以及党和国家的路线、方针、政策,同时对受教育者的思想认识和意识进行引导和澄清。然而,教育者不能强迫或替代受教育者解决其思想问题;真正的变化和解决思想问题必须由受教育者自己来完成。他们需要提升自我觉悟,将外部教育者提供的正确引导转化为内在的自我发展动力,从而实现思想上的自我教育和成长。这种方法强调了个人主动性的重要性，并促使受教育者在自我教育过程中实现自我完善和发展。

（二）历史唯物主义理论

马克思主义关于人民群众在社会历史发展中的主体作用提供了自我教育方法的重要理论支持。根据马克思的历史唯物主义理论，人民群众是历史的创造者，是社会的真正主人。特别是在我国当前的社会转型期，人民群众更起到关键作用，他们是推动社会发展的主体力量。这种主体地位赋予了人民群众自觉进行自我教育、主动提升自身能力和素质的社会责任和能力。

同时，马克思主义关于内因与外因的辩证关系理论强调了自我教育在思想政治教育中的必要性和必然性。这一理论表明，外部因素虽然重要，但内在动力才是推动变革和发展的决定性因素。结合马克思关于人民群众的理论，这不仅显示了自我教育的可能性和现实性，而且凸显了其在推动社会历史进步中的实际作用。

综合这些理论，我们可以看到自我教育方法不仅科学，而且紧密结合了人民群众在社会历史中的活跃作用，强调了教育的民主性和人民主体性的重要性。通过自我教育，个体不仅能够提升自身能力，而且能够更好地发挥其在社会发展中的主体作用。

三、自我教育法的具体形式

自我教育法在高职院校的"三全育人"策略中非常关键，它分为群体自我教育和个人自我教育两种形式。群体自我教育依赖于集体内的互帮互教，是一种群体内部成员通过共同的努力实现自我提升的过程。其中包括集体讨论、相互批评、竞赛活动等，这些都是群体自我教育的有效实践形式。

个人自我教育则更加考虑个体层面,其核心是教育者与被教育者为同一人。这种教育方式包括自我修养、自我总结、自我鉴定及自我改造等,每个人在教育他人的同时,也在不断地接受教育和进行自我提升。在高职院校的教育实践中,个人自我教育尤为重视自我修养和自我管理两个方面,旨在培养学生的自主性、责任感和自我驱动的学习能力。

自我修养主要涉及道德、智力和身体的全面发展,鼓励学生在日常生活和学习中持续自我提升和完善。自我管理则强调如何有效管理自己的时间、情绪和行为,使学生能够在复杂的社会环境中独立做出合理决策,对自己的行为负责。

通过这些教育方式,高职院校的"三全育人"工作不仅仅能帮助学生掌握必要的职业技能,更能帮助他们成为具备高度自我教育能力的成熟个体。这种教育模式强调了学生的主体性,使他们能够在未来的学习和工作中不断自我更新和进步。

(一)自我修养

修养的内容很广泛,包括政治修养、思想修养、道德修养、文学修养等。所谓自我修养,是指人们在政治、思想、道德以及知识等方面进行自我教育和自我锻炼,以及由此达到的一定程度和水平。在历史上,古代许多思想家倡导自我修养,提出了"修身养性"的一系列方法。但是受时代局限,部分思想存在脱离社会实践、夸大主观作用的倾向。马克思主义所说的自我修养,是在社会实践中的自觉学习与自我锻炼,是在改造客观世界的同时改造主观世界。任何人的政治素质、思想认识和道德水平的提高,都不是凭空得来的,只有在长期的社会实践中不断进行修养,才能实现。只有在马克思主义指导下,在实践中自觉进行自我修养,才能适应社会的需要,并在推动社会发展的过程中不断完善自己。

自我修养的方法很多,这里列举几种主要方法。

1. 反省

反省即自我省察,是个人对自己的思想和行为进行检查对照,寻找差距和不足的道德修养方法。反省是通过自我认识、自我剖析、自我评价、自我监督,对以往思想和行为的再认识,是一个人思想和道德品质修养自觉性的表现,也是一个人政治思想水平提高的重要条件。

2. 反思

反思,作为一个历史悠久的哲学概念,在不同哲学流派中承载着多样的含义。在哲学的历史中,英国唯物主义哲学家洛克将反思视为一种内部经验,认为它是心灵观察自身活动的过程,主要涉及思维和心理活动。而唯心主义哲学家黑格尔则将反思定义为一种抽象的思维方式。

在思想政治教育领域,反思被广泛运用,指的是个体对自己过去的思想和行为进行系统的回顾和深刻的理性分析。这种内省不仅审视个人的主观世界,而且涉及与社会和环境等客观因素的关联。反思追溯行为的起因,也分析其影响,旨在通过理性的思维提升对行为的理解,而不是单纯地批评或肯定。

有效的反思要求个体加强自我认识,变成自己思想和行为的观察者,识别与正确方向或原则之间的偏差。这种自我观察引发的内心对话是自我教育的开始,能帮助个体提升政治理论和道德层面的自我修养,校正主观与客观之间的关系,并依据正确的原则作出合理的判断。通过这样的过程,反思不仅促进个人成长,而且有助于形成更加成熟和全面的人格。

3. 自我改造

自我改造,虽主要针对个体的主观世界,但它并非孤立的内心活动,而是在社会实践中通过主观能动性的发挥,自觉地进行自我剖析和自我批评,从而提升政治思想觉悟和道德水平的过程。社会实践不仅为自我改造提供了实践基础和动力,而且成为评估自我改造成效的重要标准。

自我改造的实质是一个人不断自我完善的过程,它是自我教育中最有效的方法之一。这一过程强调了主体的自觉性和能动性，鼓励个体根据正确的目标不断调整自己的思想和行为，以实现持续的自我完善。为了有效地进行自我改造，个体首先需要深入学习马克思主义理论，将其作为在社会实践中改造主观和客观世界的思想工具。此外，个体还需进行严格的自我反思，实事求是地评估自己的优点和缺点，这不仅能帮助个体认识自身，而且是推动个人成长和发展的关键步骤。

（二）自我管理

所谓自我管理，指的是自觉运用法纪、规章制度和道德规范约束自己，调控自己的言行。人们为了不与社会或他人发生冲突，就要用社会共同遵守的法规、制度和规范制约自己，管理自己。严格地说，每一个人一生中都离不开自我管理，因为每个人都要受自我意识的支配，指导自己的行动，协调个人同社会的关系。

在社会主义制度下，国家的宪法、各项规章制度以及社会主义的道德规范都是代表和维护人民群众根本利益的，它不是外部强加给人们的硬性规定，而是每个人都应该自觉遵守的准则。自我管理可分为个体自我管理和群体自我管理。个体自我管理则是个人按照一定的规章制度调控和控制自己的言行。群体自我管理是指正式群体和非正式群体中的成员，按照一定的规章制度互相制约、互相督促、共同遵守一定的规范，抵制、批评违反规范的言行。这种调控和控制主要有三种方式。

1. 自律

在社会生活中，个体必须有效地协调自身与社会的关系，这要求个体具备良好的自律能力。自律是指个体自觉地控制和约束自己的行为，使其行为符合既定的规范和标准。这一概念涵盖了必要的自我监督意识和自我控制能力，这些能力的发展主要依赖于个体的自觉性以及其文化和道德水平。

自律是指个人能够主动选择克制和自我管理，是维护社会秩序和个人发展的关键因素。如果一个人无法约束自己的行为，可能会给社会和自身带来不利影响。因此，培养和维持个人的自律能力不仅是个人责任，而且是社会和谐的重要保障。通过提高自我监督的能力，个体能更好地适应社会要求，促进个人与社会的和谐共处。

2．自制

自制，或称自我控制，是个人对自己的思想、情感及行为的主动约束与管理。这一能力主要体现在个体使用理性力量来制约自己的情绪冲动，控制可能偏离正轨的行为。无论面对何种外界挑战或诱惑，自我控制使个人能够坚守正确的信念和目标，并保证这些目标能够实现。

自我控制的强度与个人的目标决心密切相关。那些对自己的目标具有清晰且坚定承诺的人，通常在自我控制方面表现更为出色。此外，自我控制还与个人的认知水平相关联。对事物的深入理解可以增强个体的自我意识，从而提高其自我控制能力。成熟的自我意识使个体更能理解并管理自己的行为，使之与个人的长远目标和社会的期待保持一致。

3．自我调控

自我调控是一种重要的心理调节方法，主要通过增强大学生的自我认知、自我导向和自我控制能力来帮助他们解决思想上的困惑和心理障碍。大学生在成长过程中常面临身心发展的不平衡、自我意识的增强与认知能力发展的不协调、情绪的波动，以及现代社会中巨大的就业压力等挑战，这些因素往往导致一系列心理危机现象。

为了有效进行自我调控，大学生应当关注以下几个方面：

① 认知调控：大学生需要正确认识自我与现实，接纳自身的长处和短处，树立坚定的信念。合理地设定自己的学习和职业目标，帮助自己在思维和心理上达到一个健康的平衡状态。

② 生活适应指导：高职院校的教育工作者应积极帮助大学新生适应大

学生活的转变,通过指导帮助学生克服对新环境的恐慌和焦虑,促进他们能够合理规划日常生活和学业。

③ 情绪调控:在当前多变和高压的社会环境下,大学生需要学会有效管理自己的情绪。面对就业竞争、人际关系等生活压力,学会情绪调控可以增强个人的竞争力和心理承受力,使大学生活更加充实和愉快。

通过自我调控策略,大学生不仅能够更好地面对和解决生活中的挑战,而且能在个人成长和发展中取得显著进步。

四、实现自我教育法的路径

(一)确立正确的目标

在思想政治教育中,引导受教育者树立正确的目标是一个关键的环节。正确的目标不仅给予人希望,而且能激发出强大的动力。心理学表明,无论对个人还是群体而言,拥有清晰的、长远的奋斗目标是培养自觉奋斗精神的基础。

因此,在教育过程中,我们需要积极引导受教育者确立实际且具有挑战性的目标。通过这一过程,受教育者不仅在努力实现个人目标的过程中进行自我教育,而且能够增强其主体意识,提升进取的热情。这种主动追求目标的行为能有效促进个人的成长和能力提升,使他们在实际生活中得到实质的锻炼和提高。此外,正确的目标设置还帮助受教育者更好地理解和适应社会需求,从而在实现个人目标的同时,贡献于社会的发展。

(二)要以教育对象自我意识的发展水平为条件

这里的自我意识主要是指主体自己对自己进行自我认识、自我评价、自我监督、自我调适等意识活动。自我意识随着年龄的增长和学习工作经历的发展而发展,一般到青年期,趋于成熟的自我教育也是伴随着自我意识的发展而发展的。因此,在高职院校"三全育人"工作中,需要以教育对象自我意识的发展水平为条件，对不同年龄段的教育对象应采取不同的要求，合理地加以引导。

（三）提高自我监督和自我控制能力

引导受教育者加强自我修养，提高自我监督和自控能力，是受教育者自我教育的另一个重要环节。提高自我教育效果的前提和基础，在于受教育者的自我监督和自我控制能力，所以思想政治教育者要随时引导受教育者加强自我修养，不断提高其自我监督和自我控制能力。

（四）注意加强自我教育和教育之间的相互联系

人们的自我教育能力并非天生就有，而是在家庭、学校和社会教育的影响下逐步形成的。这种能力需要个体接受并处理外界信息，通过自我反思和内化过程来逐渐掌握。随着自我教育能力的增强，个体能更有效地吸收和利用教育资源，从而提升学习成效和巩固所学知识。

因此，教育和自我教育之间存在一种互动关系，类似于内因与外因的辩证关系：外部教育是刺激和资源的提供者，而内在的自我教育能力则决定了这些教育资源的转化效率和深度。这表明在强化传统教育的同时，我们还需要积极引导学习者开展自我教育，帮助他们建立起自主学习和持续成长的能力。这种双向动态的教育模式不仅能加深学习的影响，而且能促进学习者自我能力的全面发展。

（五）创建协调教育机制

在思想政治教育中，自我教育是受教育者在接受家庭、学校和社会教育的基础上形成的一种自觉的内在教育活动。这种自我教育不仅是外部教育的延伸，而且是其终极目标，因为外部教育的效果最终需要通过个人的内省和自我反思来实现。

为了有效地进行自我教育，一个关键的步骤是协调外部教育的影响，确立一致的教育目标,并构建科学的价值观。这样,受教育者可以更自觉地进行自我教育,自主地调整和改善自己的思想和行为。通过这种方式,自我教育成为个体内化教育价值和实现个人发展的重要途径,也是教育效果转化为个人能力和素质的关键环节。

第三节 典型教育法

一、典型教育法的定义及理论依据

典型教育法是思想政治教育中一种重要的方法,通过选取具有代表性的人物或事件,将其作为教育和引导的依据。从哲学角度来看,所谓的"典型"指的是在特定时期或范围内具有显著影响力的个人或事件,它们展现了一类事物的典型特征、本质及其发展趋势或规律。

通过典型示范教育,教育者希望受教育者能够学习并吸收这些典型中的积极因素,同时通过与自身进行比较,识别并弥补自己的不足,从而汲取宝贵的经验和教训。这种方法不仅有助于消除不良思想和行为,还能显著提升个人的思想政治素质。典型教育法通过具体的实例,使教育内容生动、具体,更容易被接受和理解,从而有效地促进受教育者的思想政治素质提升。

二、典型教育法的具体方法

典型是多种多样的,按典型的类型来划分,有单项典型、综合典型、全面典型;按照典型的性质来划分,有正面典型、反面典型;按典型的构成来划分,有集体典型、个人典型。因此,典型教育法的具体形式也很多,这里着重介绍正面典型教育法和反面典型教育法。

(一)正面典型教育法

正面典型教育法,亦称为先进典型教育,利用那些在社会上起到模范带头作用的人物或事件进行思想政治教育。这些典型能够展示先进思想,激发群众特别是大学生的向上动力。正面典型的教育价值在于其榜样的力量,它通过鲜活的事例,直观展示理想与信念,易于学习和模仿,从而具有强烈的感召力和说服力。

在运用正面典型教育法时,应注意以下几点:

1. 典型的选择与推广

应积极发掘和宣传具有时代意义和广泛代表性的典型。这些典型不仅应该涵盖全国性的人物,而且应包括不同行业、不同层次的榜样,以及具有地方特色的典型,使其具有广泛的群众基础和社会认同。

2. 真实性与实事求是

在典型事迹的宣传中必须坚持实事求是的原则,保证典型故事的真实性,避免夸大其词,保证典型的可信度和教育的有效性。

3. 典型的培养与关怀

对典型人物要给予关心和支持,同时也需要对其进行持续的教育和引导,使其能持续发挥积极的示范作用。

4. 教育与尊重

教育大学生正确对待典型,理解典型人物虽然有突出贡献,但仍是普通人,具有局限性。这有助于构建一种健康的学习典型氛围,让学生在尊重典型的同时,也能实事求是地看待典型的不足。

(二)反面典型教育法

反面典型教育法是思想政治教育中一种有效的策略,它把在社会上产生消极影响的人物或事件作为教育材料。这些反面典型,无论是人物还是事例，均因思想或行为上的偏差产生消极影响。而反面典型教育法的教育过程旨在通过揭露这些典型的错误，提供教训，引导人们警惕这些观点，强化对正确观点的认同。将社会主义核心价值观融入思想政治教育，是教育工作的重要任务，正确地应用反面典型可以增强这一教育的效果。

运用反面典型教育法时，应注意以下几个要点：

1. 勇于面对和分析反面典型

对存在的反面教员和教材不应回避或忽视。对反面事物不应封锁，而应公开讨论和分析，这样才能更安全、更有教育意义。

2. 引导学生分析反面典型的根源及危害

帮助学生理解这些典型产生的原因及其带来的具体危害，从而自觉抵制这些消极影响，提升他们的批判意识和主动学习正面教育的积极性。

3. 根据学生的思想水平精准选取教育内容

选择适合学生思想水平的教育内容，避免"一刀切"，保证教育的针对性和有效性，防止可能的负面影响。

通过这种教育方式，学生能从反面典型的错误中学习到教训，同时通过对比正反两面，更加明确正确思想和行为的价值。这不仅能帮助学生形成正确的世界观、人生观和价值观，而且增强了他们的社会责任感和历史使命感。

三、应用典型教育法需注意的问题

（一）选择典型要有广泛性、先进性和可及性

1. 广泛性

典型应具有广泛的群众基础，避免采用难以普遍认同的"高、大、全"典型。真正的典型应受到广泛的群众拥护，保证其广泛的接受度和影响力。

2. 先进性

典型人物应展现出与时代精神相符的思想,代表社会发展的正向方向,体现高尚的思想境界。这类典型因其知名度和受人尊敬的地位,能够在教育对象中产生持久的积极影响。

3. 可及性

典型的成就应是一般人通过努力可以实现的。这种实际可达性使典型更具吸引力,更能激发学生的模仿和实践意愿。

尤其是对大学生而言,教师应选择与他们处在相同时代背景下的改革者、开拓者和先进标兵作为典型,因其共同的社会和教育背景,这些典型更容易被大学生接受和信服。这种选择不仅增强了教育的相关性和实效性,而且通过直观具体的例子,极大地提高了教育的动机性和影响力。

(二)注意典型教育时机的选择

在思想政治教育中,任何典型都是一定时间、一定范围、一定环境的产物。因此,典型的示范作用与特定时空背景密切相关,脱离其产生的环境可能削弱共鸣感,需把握教育时机,以增强示范效果的针对性。

(三)宣传典型要实事求是

在树立和宣传先进典型时,必须坚持真实性。先进典型虽然具有许多优秀品质,但他们仍是普通人,拥有优点和缺点。在总结和推崇典型时,我们必须实事求是,采取一分为二的方法,避免夸大其词或制造虚假形象。实际上,典型宣传越是真实和贴近其本来面貌,其吸引力和感染力就越强,这样的典型更容易让人感到亲切,更易于使人学习和模仿,而不会让人敬而远之。

同时,宣传典型时不能过度美化或任意拔高其形象。有时为了突出典型人物的道德境界和精神品格,可能会忽视现实中的客观存在和群众的接受程度，这种做法会削弱典型的示范作用。正确的做法应该是展现典型的真实面貌，包括他们如何面对和克服缺点和困难，这样的典型更具启发性和可学性，能真正发挥榜样的力量。

（四）推广典型要注意引导

在思想政治教育中，运用典型教育法时，要对典型进行正确的引导，正面典型主要用于引导大学生以典型人物或事例为榜样，向先进学习；反面典型主要用于引导大学生吸取其教训，警示自身言行，及时纠正不正确的思想和言行，降低错误观念的扩散风险。

（五）树立典型要爱护典型

爱护典型是维护其正面影响的关键，需要从两个方面入手：一方面，明确支持和保护典型。必须坚定地支持和保护作为先进典型的人物，摒弃一些地方上对典型的不公正看法和落后思维，如"木秀于林，风必摧之"的观念。这种思维不仅阻碍了典型发挥教育作用，而且可能抑制其他人的积极性。如果典型因流言蜚语受到中伤，将直接影响其激励作用，从而影响整体的社会进步氛围。另一方面，协助典型克服不足。爱护典型并不意味着无条件地赞美。我们应帮助典型认识并克服他们的缺点，例如可能出现的骄傲情绪或过分追求名利的倾向，对典型提出合理的更高要求，鼓励他们不断自我完善和进步，这些都是对典型的最好支持。

通过这两方面的努力，可以使典型人物持续成为社会正能量的源泉，激励更多人学习其积极品质，同时也促使典型自身在持续的公众关注中保持谦逊和自省，不断进步。这种方法不仅维护了典型的正面形象，而且深化了典型教育的实际效果。

（六）教育者应当以身示范

在典型教育中，思想政治教育者本身应成为一个积极的榜样，因为直接可见的典型对教育对象有更强的影响力和示范作用。这种影响力源于几个方面：一是直接接触的优势。教育者直接与学生互动，他们的行为和态度能够直接影响学生。因此，教育者应努力成为一个值得模仿的典型，提供给大学生一个现实的参考模型。二是领导者的影响力。较高地位个体的行为更有可能被模仿。三是外部特征的模仿。人们往往更容易模仿他人的外部行为而非内部特征。因此，教育者的行为和外在表现对学生产生直接和强烈的影响，能有效增强教育的感召力。

总之，教育者应自觉塑造和维护自己的典型形象，通过身体力行展示积极的价值观和行为准则，以此激励和引导大学生形成正面的思想和行为模式。这种身教重于言传的方式，是实现思想政治教育目标的有效途径。

第四节　心理咨询法

一、思想政治教育与心理咨询的关系

（一）思想政治教育目的和心理咨询目的不存在根本差别

心理咨询和思想政治教育，虽然在处理的层面和方法上存在差异，但二者在促进个体发展上却存在共通性。心理咨询的主要目标是帮助来访者从心理不健康或困扰的状态恢复到健康状态，同时促进其心理的成长和发展。而思想政治教育的核心任务是通过教育和引导，促使个体达到自由和全面的发展。

这两种形式都可视为处理心理和思想问题的一种艺术，其根本目的是通过不同的途径和技术，帮助个体建立健全的心理机制和健康的世界观，从而实现其潜能。从这个角度看，心理咨询与思想政治教育在推动教育对象的发展方面不仅具有共同点，而且可以相互补充，共同构建支持个体发

展的教育环境。这种理解强调了二者在促进个体全面成长过程中的协同作用，为深化教育实践提供了新的视角。

（二）思想政治教育实施过程中具体问题的处理原则与心理咨询过程中的客观性原则不存在冲突

在我国的社会主义框架下，思想政治教育过程中，教育者的要求与教育对象的个人想法之间可能存在不一致，但这种不一致不应被视为根本性的对立冲突。由于个人利益与集体利益、国家利益在本质上是一致的，任何存在的冲突都是非对抗性的，可以通过平等和客观的交流解决。这与心理咨询中的做法相似，咨询师可能不完全认同来访者的价值观，但仍然会以客观和尊重的态度进行引导。

在思想政治教育中，教育者应采取平等、尊重和共情的态度，即使教育对象在某一时期内可能无法充分理解个体发展与社会发展之间的辩证关系，教育者也应该帮助他们看到这一关系，引导他们做出符合自身最佳发展的决策。通过这种方法，思想政治教育不仅仅能促进个人的成长，更有助于其更好地融入社会，实现个人与集体的和谐统一。

（三）开展心理咨询拓展了思想政治教育的思路

随着改革开放和社会主义现代化建设的推进，我国社会的思想道德观念经历了深刻的变革，相应地，思想政治教育也在形态和内容上发生了显著的演变。特别是自20世纪80年代以来，心理咨询作为一种重要手段被引入高等职业教育，这不仅丰富了思想政治教育的路径，而且拓宽了其概念的外延。现在，越来越多的学者倡导将思想政治教育与心理教育有机结合，通过互补协同，共同促进学生的全面发展。

这种综合性的教育方法强调了对学生全面发展的关注，不仅仅局限于传统的思想政治教育范畴，而是将心理健康的维护和心理素质的提升视为培养全面发展人才的关键组成部分。通过这种方式，思想政治教育更加贴近学生的实际需求，更能有效地引导他们形成健全的人格和积极的世界观。

二、心理咨询的作用

（一）调适作用

心理咨询通过搭建平等和真诚的沟通桥梁，有效帮助个体管理情绪、调整心态和优化人际关系。其主要目标是增强个体的心理韧性，保持稳定健康的心理状态。人的思想和心理状态不是孤立存在的，而是随着外部世界的变化而动态发展的。这种变化可能沿着两个方向发展：一种是朝向积极向上的方向；另一种可能是消极退步的方向。

心理咨询的关键作用在于促进个体沿着积极的方向发展，同时有效地遏制和纠正可能的负面变化。通过这种专业的干预，心理咨询不仅帮助个体应对当前的心理挑战，而且助力于培养他们自我调节的能力，使他们能在未来独立面对和解决生活中的心理和情绪问题。

（二）激励作用

心理咨询的激励作用主要体现在精神鼓励上，通过多样的方法来激发个体的积极性和主动性，同时帮助他们恢复或增强自信心。在心理咨询过程中，通过积极的关注和对咨询者优点的肯定，咨询师能有效激发个体的内在动力。这种方法不仅促使咨询者在日常活动中展示更多的主动性和进取心，而且帮助他们学会欣赏自己和建立自信。

通过这种正向的心理支持，心理咨询在某种程度上与思想政治教育的目标相辅相成，即通过提升个体的自我认识和自我价值感来促进其全面发展。这种策略不仅对咨询者个人的心理健康产生直接的积极影响，而且为其社会功能和整体发展的提升奠定了基础。

（三）预防作用

心理咨询的预防作用体现在教育者通过了解教育对象的心理状况，协助他们准确认识自身的心理素质和健康状况，及时预防心理问题的恶化以及潜在的心理困扰或障碍。心理咨询依据对心理发展趋势的预测，为教育对象提供必要的心理健康知识和预防策略，赋予他们掌握心理调控的主动权。

此外，心理咨询的调适和激励功能通过"助人自助"的原则，帮助大学生在面临困境或挫折时找回内在力量。通过心理咨询的介入，学生不仅能够排解心理障碍，而且能重新审视自我，恢复自信，并提高自身的问题分析和解决能力。

三、大学生心理咨询的内容

（一）自我意识发展咨询

自我意识的发展是大学生在认识自我和理解自身与周围环境关系的过程中不断演进的。随着青春期的生理变化和逻辑抽象思维能力的增强，大学生开始更加关注他人对自己的看法，并通过特定的信仰体系或道德标准来推理世界的运作方式。这个阶段，他们逐渐从儿童时期的混沌认知状态过渡到更成熟的同一性自我意识，表现为对传统观念和信仰的质疑和挑战。

同时，这一过程中，大学生往往会遭遇自信与自负、自卑与自尊、自控与失控等多重心理矛盾，产生深刻的心理困惑。为此，自我意识的发展咨询显得尤为重要，它有助于调适和缓解这些矛盾，支持学生在自我认知的旅程中找到平衡，促进他们的整体心理健康和个人成长。

（二）青春萌动咨询

青春萌动期在心理学上称为青春期发育暴进和初情期，被认为是一个矛盾、焦虑、暴躁和压抑的时期，是从儿童向成人过渡的时期。心理学经验研究表明，一般人的性成熟从 12 岁开始，伴随着身体变化的是整个内分泌系统形成一种既相对抗，又相协作的复杂关系。青春期的心理情绪变化是生理发育、自我意识觉醒与社会环境交互作用的结果，性成熟带来的生理变化可能与心理适应过程形成张力，进而引发情绪波动，需结合多维度因素理解这一阶段的心理特点。其生理性活动（性心理活动）主要表现为：性冲突（如性成熟引起的性需求和现实情况的矛盾等）、性害羞（如有意识回避有关性话题的谈论）和性偏好（对异性的倾慕和追求）等。青春萌动是大学生心理问题的一大来源，青春萌动咨询就是为了端正青年对于性的认识、消除青年在这个时期的困惑和恐惧、增强其应对适应能力而进行的活动。

（三）情感咨询

伴随性成熟而来的是初情期的发展。一方面，这表现为大学生的情绪化，易走极端；另一方面，这表现为青年渴求情感与理解。如何使青年掌握情感和谐，"教会他们怎样去爱，怎样理解情感、爱情，怎样做幸福的人，就等于教他们尊重自己，赋予他们人的尊严"①，这也是情感咨询的主要任务。

（四）人生准备过程咨询

大学生正处于形成自己人生观的关键阶段，这一阶段他们的观念相对成熟，又具有一定的可塑性。他们依赖传统知识和信仰的同时，也展现出质疑和反抗的倾向。在尝试采用多种思考方式解决问题的过程中，他们遇到的困难可能会对其心理产生复杂的影响，特别是引发对未来和现实的焦虑感。

人生准备过程咨询的目的在于通过有效的沟通、对比分析、交流和引导，帮助大学生构建一个健康的人生发展路径。这种咨询支持不仅有助于他们减轻心理压力，而且能鼓励他们探索和确立自己的生活目标和价值观，从而更自信地面对未来的挑战和机遇。

---

① 马卡连柯. 马卡连柯全集：第 4 卷[M]. 北京：人民出版社，1959：220.

四、心理咨询法的具体应用

(一) 疏导咨询法

心理咨询通过建立咨询者与咨询对象之间的良好关系,采用疏导的方式引导咨询对象,从而帮助他们解决心理问题,消除心理障碍,并促进身心健康。该方法的核心流程分为"疏"和"导"两个阶段。首先,咨询者创设一个支持性环境,使咨询对象有机会充分表达自己的感受和想法。其次,咨询者有针对性地进行教育和引导,帮助咨询对象从新的角度认识自己,增强自信,克服困难。

实施疏导咨询法时,应注意以下三个方面:

1. 咨询对象的主体性

咨询过程中,解决问题的主动权在咨询对象手中。咨询者引导咨询对象自我发现和自我超越,教授他们解决问题的方法,增强其自我调控的能力。

2. 建立良好的人际关系

心理咨询的环境应是和谐且轻松的,以此促进平等的交流,让咨询对象能够自在地表达自己的思想和感受。咨询者应全情投入,表现出对咨询对象的关心。

3. 快速识别并解决问题

咨询者需引导咨询对象进行深入思考,敏锐地从咨询对象的叙述中发现问题的核心,通过分析问题的根源和可能的解决策略,从而有效地帮助他们解决心理障碍。

(二) 精神分析法

精神分析法是一种深入探讨来访者的生活历史和人格结构的心理咨询

方法，旨在帮助来访者通过探索潜意识冲突，理解人格形成的深层机制，从而调整心理模式，促进人格的适应性发展。该方法不仅关注个体的意识层面，而且涵盖无意识层面，致力于促进来访者的全面自我了解和心理成熟。

在精神分析的过程中，咨询师运用各种技术，如自由联想、梦的解析和生命史分析，帮助来访者识别和解决无意识的冲突。这些技术使来访者能够打破过时的心理联结，建立新的联系，从而改变人格结构并实现人格重组。

具体技术包括：一是自由联想。该技术鼓励来访者无拘无束地表达思想，帮助其揭示深层的内心真情。二是阻抗和防御分析。该技术分析来访者在自由联想中的中断或沉默，探索阻抗的根源和所防御的内容。三是移情分析。该技术解析来访者与过去重要人际关系的无意识重现，以促进治疗进程。四是梦的分析。该技术通过分析梦的内容和来访者对梦的联想，了解其潜意识状态。

精神分析不仅关注治疗的技术，而且注重在不同治疗阶段体现不同的侧重点，如早期治疗侧重解释与当前经历相关的梦，而中后期则侧重通过梦的内容揭示潜意识的愿望、恐惧和冲突。这种方法通过深层次的心理作业，帮助来访者达到更深的自我理解，促进其心理健康发展。

（三）交友谈心法

交友谈心法是一种通过建立温暖的人际关系来解决咨询对象心理障碍的咨询方法。此方法强调咨询者的关心、理解和信任，旨在帮助咨询对象克服人际及环境的障碍。通过这种方式，咨询对象可以感受到集体的力量，减少孤独感和恐惧，同时从群体中获得情感支持和正面的心理暗示。

具体实施交友谈心法时，咨询者应采取以下措施：

1. 营造充满关爱的环境

咨询者需要创造一个温馨的氛围，让咨询对象感受到人与人之间的关怀和温暖。这样的环境有助于咨询对象放松心态，敞开心扉，更自然地融入集体和社交活动。

2. 建立真诚和信任的互动关系

咨询者应与咨询对象建立一种平等、真诚且基于相互信任的关系。在咨询过程中，咨询者与咨询对象是合作伙伴，共同努力实现治疗目标。这种互动不仅仅限于表面的交流，更应深入情感的共鸣和理解中。

通过这种方法，咨询者不仅仅是一个提供建议的角色，更是咨询对象的朋友和支持者，通过持续的、积极的交流和互动，帮助咨询对象建立自信，改善人际关系，从而促进其心理健康的恢复和发展。

第四章 高职院校"三全育人"的运行机制

第一节 "三全育人"领导机制

一、高职院校"三全育人"领导机制构建的必要性

(一)构建"三全育人"领导机制是高职院校育人工作坚持正确政治方向的必然要求

在新时代背景下,高职院校的发展和管理必须坚守正确的政治方向,这是办好中国特色高职院校的基本要求。其核心任务是高举中国特色社会主义伟大旗帜,全面贯彻习近平新时代中国特色社会主义思想,全面贯彻党的教育方针。高职院校要牢固树立"四个意识",彰显"四个服务",并树立"以学生为中心"的发展思想,积极探索为社会发展和人类文明作出贡献的教育路径,致力于将中国特色社会主义理念融入大学文化,使其成为教育的鲜明特色和强大动力。

党委领导下的校长负责制是中国特色现代大学制度的重要组成部分,是确保高职院校健康发展的制度保障,也是党的全面领导在高职院校治理中的具体体现,因此,高职院校党委作为学校的领导核心,必须发挥政治引领作用,确保"三全育人"工作的实施,严格遵循党的先进理论和政策路线,为培养符合国家发展需求的高素质技术技能人才提供坚强的政治保证。

(二)构建"三全育人"领导机制是高职院校育人工作顺利有序实施的现实需要

在高职院校中,建立"三全育人"领导机制是推动教育工作高效、有序开展的关键。这一机制的目的是通过集中统一的领导和精确的协调,使教育资源得到最合理的配置,并使各项教育活动得以有效实施。通过清晰

界定各部门以及全体教职工的具体责任，高职院校可以保障每一环节的教育活动都获得必要的支持与正确的引导。

此外，该领导机制还特别强调教育各环节间的协作与联动，促使不同的教育领域能够紧密结合，实现教育资源与活动的全面整合。这不仅极大提升了教育过程的效率，而且深化了教育成果的质量，使学生在接受技术和技能训练的同时，也能全面提升在思想政治教育和文化素质教育等方面的能力。因此，构筑一个高效的"三全育人"领导机制，对于提升高职院校的整体教学水平，培育出能够满足现代社会需求的高素质技术人才，具有重要的作用。

二、高职院校"三全育人"领导机制构建的实现方式

在"三全育人"实施方面，高职院校领导班子要发挥领导和带头作用，实行重大问题统一部署，各二级党组织和基层党组织则负责贯彻落实机制。要从上往下抓党建，树师德，学理论，重实践，强调知行合一。同时，要严肃党内政治生活，营造风清气正的环境，把严的意识、严的态度、严的标准贯穿到高职院校党的建设各个方面和具体的工作实践中去，以党建促进人才培养，为新时代高职院校"三全育人"提供强大的组织保障。

首先，高职院校党委是学校各项事业的领航人，要把"三全育人"思想贯穿于办学治校之中，切实担当起全面从严治党的主体责任。[①]要根据新时代的特点，紧密围绕高职院校自身的实际情况以及当代大学生的价值观和身心发展规律，把方向、管大局、作决策、保落实，保证高职院校始终是坚持党的领导的坚强阵地。要做到这点，要注意以下四方面：一是坚持社会主义办学方向，丰富新时代党建工作的内涵，明确党建工作的重心，把党建工作落实到立德树人这一根本任务上来，开展学习贯彻习近平新时代中国特色社会主义思想主题教育，引导广大师生投入到"三全育人"工

---

① 孙若梅."三全育人"视域下高职院校党委主体责任的实践路径[J].当代教育实践与教学研究，2019（4）：138-139.

作中来。二是精准定位谋划学校事业发展，牢固树立"以人为本""以生为本"的理念，科学决策、民主决策，从质量立校、人才强校、文化兴校、品牌铸校等方面，指导学校制定发展战略，指引办学方向。三是将顶层设计与问题导向相结合，坚持把破解学校发展不平衡、不充分的问题作为目标指向，强化改革创新的动力和能力，抓好顶层制度设计，精准施策，不断采取有效举措，强化发展优势、补齐发展短板，以育人为导向着力破解学校各个工作领域中存在的突出问题。四是构建"四位一体"责任体系。高职院校党委要认清内外部环境发展的趋势，主动应对经济和社会发展的新变化、新需求和新挑战，科学制定符合自身情况的发展目标和行动方案，做好长远布局和谋划，科学制定并推动下属党总支党建工作责任制，要重点部署、严抓落实，对学校事业发展的重点领域和关键环节进行党建情况督导检查，并对没有落实到位的进行严格督办、限期整改。需要强调的是，党委书记作为党建工作的第一责任人，在思想上务必要高度重视，充分意识到身上担子的分量，在抓好党建和"三全育人"工作的谋划布局方面，坚决不当甩手掌柜，以务实的态度、措施和作风，亲自部署重要工作，关注重大问题和重点环节，加强对党建工作和"三全育人"工作的统一领导，优质高效抓好执行落实。

其次，在"三全育人"实施过程中，党支部作为党的基层组织，同样也肩负着重要使命，必须按照"七个有力"的标准，即教育党员有力、管理党员有力、监督党员有力、组织师生有力、宣传师生有力、凝聚师生有力、服务师生有力，努力探索有效提升基层党支部组织力和战斗力的路径。各党总支要制定落实下属各党支部的党建工作责任制和"三全育人"工作责任制，按照"五个到位"的标准，即思想重视到位、组织领导到位、制度完善到位、环境优化到位、目标考核到位，充分发挥党组织引领作用，形成一级抓一级、层层抓落实的责任链条，使全体党支部书记切实履行第一责任人职责，推动党支部集体落实主体责任。此外，在推进建设规范化党组织的基础上，要深入培育"三全育人"示范性党内先进基层党组织，着力建设一批"三全育人"工作有特色、有成效的党支部，使其在省内外具有一定的影响力和知名度。

再次，党支部书记是党的基层组织负责人，是落实党建工作和"三全育人"任务的直接推动者，其根本任务是引导教师党员在攀登科研高峰的过程中发挥党员的先锋模范作用，攻坚克难，成为言传身教的践行者，带动师生积极参与教育教学改革工作，不断培育高质量人才。①在"三全育人"落实方面，党支部书记需要做到以下"五个坚持"：一是坚持方向引导。在党支部建设中首先要坚定正确的政治方向，通过常态化的思想政治理论学习，教育和引导广大党员教师不断增强党员意识、加强党性锤炼、提高党性修养。二是坚持政治引导。在教师通过教学和科研等活动实施育人的过程中，要强调政治要求，引导教师坚定政治立场和原则，加强对学生价值观的引领和塑造。三是坚持示范引导。要关心广大教师的思想状况，积极引导他们抵制错误思想和言论，激励他们在"三全育人"工作中发挥主体作用和榜样作用。四是坚持机制引导。要建立健全科学化、人性化的服务机制，引导教师以健康的心态传播先进思想和理论知识，促进学生健康成长。五是坚持创新引导。要创新党建工作方式，引导教师将党建工作与业务工作有机融合，全方位地做好育人工作。

最后，"三会一课"制度是党的组织生活的基本制度，是党的基层支部必须要长期坚持的一项重要制度，同时也是健全党的组织生活、严格党员管理以及加强党员教育的一项重要制度。所谓"三会一课"，是指定期召开支部党员大会、支部委员会、党小组会，按时上好党课。②贯彻执行该项制度，有利于加强党支部建设，提高基层党组织的凝聚力和战斗力。在"三会一课"这样的制度安排下，党员可以对重大问题进行民主评议，并常态化地学习党的路线方针政策、时事政治等，提高政治觉悟。同时，可以在

---

① 吴宝海. 组织育人视域下的"双带头人"培育路径选择[J]. 江苏第二师范学院学报，2019，35（5）：34-36.
② 王锐. 从严落实好"三会一课"等制度探析[J]. 理论学刊，2019（3）：33-39.

"三会一课"中有机融入"三全育人"工作的学习讨论，凝聚共识，探索有效的育人路径。

第二节 "三全育人"协同机制

一、高职院校"三全育人"协同机制构建的必要性

（一）大学生精神需求和教育供给间的矛盾是构建"三全育人"协同机制的根本要求

随着物质生活条件的日益改善，当代大学生的生活需求已远远超越物质层面的追求，转而更加关注社会公平正义、民主法治、生态环境建设及自我价值的实现等精神层面的需求。这一转变标志着价值观从传统的物质主义，即重视经济和物质安全，转向后物质主义，即强调个人表达和生活质量。尤其是年轻一代，这种价值观的转变更为显著。当代大学生正在更积极地探索人生的价值、存在的意义等，这种探索是外部环境与内在欲望相结合的结果，进而激发了他们更深层次的精神追求。

在这一背景下，高职院校的思想政治教育面临着供给不足的挑战。为了解决这一矛盾，高校需要重新界定思想政治教育的目标，不断优化教育的过程、方式和方法，从而提供更有效的思想政治教育内容，以满足大学生对美好生活的精神需求。通过实施"三全育人"理念，即全员育人、全过程育人、全方位育人，高职院校可以有效整合校内外育人资源，构建符合育人需求的机制。这不仅涵盖了育人的各个主体、时间和空间，而且允许因地制宜地扩展教育资源，形成全员全时全地的良好育人环境。这种全面的教育格局旨在满足大学生个性化和特色化的精神文化需求，促进他们全面发展和健康成长。

(二)学生的道德理性与网络文化间的矛盾是构建"三全育人"协同机制的现实要求

网络文化,作为信息化时代下一种全新的文化形态,不仅承载了国家的价值观念和社会的生产方式,而且深刻影响着公民的精神状态,特别是在大学生中的影响尤为显著。随着媒体格局和传播方式的变革,如何有效地引导大学生正确处理网络信息、增强其道德理性构建能力,已成为高职院校亟待解决的重要课题。

面对网络文化可能带来的负面影响,高职院校可以采取一系列战略性措施来塑造健康的网络文化环境。首先,利用"把关人"理论加强网络环境的监管和引导。其次,通过运用两级传播理论,培养具有积极影响力的"意见领袖",引导网络舆论的健康发展。再次,借助议程设置理论,建立有效的对话机制,让学生参与到网络文化建设中来,增强他们的参与感和责任感。最后,应用沉默螺旋理论,努力形成一种正向的网络舆论氛围,鼓励大学生表达正面观点,抑制负面信息的扩散。

通过这些措施,不仅能够培养大学生的道德判断和道德选择能力,而且能引导他们在复杂的网络环境中形成正确的道德观和价值观,从而达到高职院校立德树人的根本目的,即通过教育实现学生道德和理性的全面发展。

(三)思想政治教育现代化与传统教育间的矛盾是构建"三全育人"协同机制的必然要求

在思想政治教育方面,传统高职院校往往由思想政治理论课的专业教师和一线辅导员担任育人主体,这导致育人角色的单一性和明显的角色缺位。同时,育人部门如学生处、团委、马克思主义学院虽然各自负责,但常见的问题是部门之间存在协同度不高和条块分割的弊端。随着国家对思想政治教育治理体系及治理能力现代化的推进,高职院校迫切需要革新传统的教育观念，优化教育方法，明确教育主体并完善教育机制，以适应这一现代化进程。

思想政治教育治理涉及对教育活动的统筹规划与推动，主要解决教育内容和方法等核心问题，体现在具体的政策文件中。治理能力则体现在这些政策的实施效率上。提升思想政治教育的治理能力，即是提高政策执行的水平。

为了解决传统思想政治教育中的角色缺位和部门分割问题，需要构建一个全面、动态、开放的思想政治教育体系。这要求深入贯彻"三全育人"理念，激发不同层级和类别育人主体的活力，充分利用各类育人资源，并建立有效的协同机制。这不仅是一项系统性的工程，而且需要高职院校结合自身实际，不断增强体制创新和机制变革的能力。

一方面，高职院校需要改变传统的教育、管理和服务的条块分割、独立运行模式，整合跨领域、跨部门、跨学科的资源，建立协同育人体系。另一方面，高职院校应当建立内部协同育人机制，放宽思想，与政府部门、其他教育机构、企业以及家庭等形成有效的外部合作，共同推动学生的全面发展。这种内外协同的育人模式，将极大地提升高职院校思想政治教育的效果和质量。

二、高职院校"三全育人"协同机制构建的实现方式

（一）建立教育主体协同机制，实现全员有责、全员尽责的全员育人

1. 明确主体

"三全育人"战略强调的全员育人模式要求精确定义教育主体的角色与职责。在思想政治教育主体论中，教育者和受教育者都是教育过程的核心参与者。此模式倡导各教育主体在明确的培养目标指导下，遵循责任共担、资源共享以及优势互补的原则，实现协同发展，以提升人才培养的整体质

量。通过构建包括"管理主体、实施主体、支持主体"在内的综合教育主体模型,明确各主体在育人中的职责,同时充分发挥学生的主观能动性,形成教育者与受教育者的良性互动。

此模型不仅明确了高职院校内部各部门和成员之间的具体责任,而且促使这些主体之间形成互依互靠的关系,从而共同推进高职院校思想政治教育的健康发展。从管理到实施,再到接受,直至支持,每个环节都是思想政治教育成功实施的关键,保证教育活动的连贯性和系统性。这种全员参与的教育模式不仅增强了教育活动的覆盖面和深度,而且通过集体努力,形成了一个充满活力、相互促进的教育环境。

2. 强化意识

"三全育人"的理念是辩证统一的,其重要前提是全员育人。全员育人主体层面的"人人育人",要求各高职院校的全体教职员工增强育人意识,牢记自身肩负的育人使命,深入开发各自岗位中的育人元素,对学生进行积极的思想引领。

3. 落实责任

在高职院校中,党委的领导核心作用是把握思想政治教育的正确方向,提升其实施效果。在这一领导架构下,党政干部需积极承担思想政治教育的统筹部署、政策实施和组织协调等关键职责,他们的主要任务是保证教育方针的贯彻执行和教育活动的有序进行。

共青团干部作为党的辅助力量和后备军,有责任协助党政干部,发挥桥梁和纽带作用,动员和激励青年学生积极参与思想政治教育活动,充分发挥其在青年学生中的影响力。

专业课教师则承担着教书育人的双重任务。他们不仅在课堂上通过课程思政将思想政治教育与专业教学相融合,而且在课外通过实践活动进一步将理论教学与精神引导、价值塑造结合起来。这种教学方式强化了学生的专业技能和科学精神,培养了学生的行为规范和思想品德。

这一整合教育模式,旨在创建一个全方位的教育环境,使学生在技术技能训练之外,也能得到道德和精神层面的全面发展,真正实现高职院校"立德树人"的教育目标。

(二)建立教育过程协同机制,实现时时用力、久久为功的全过程育人

1. 构建课程育人的协同机制

在高职院校中,育人课程主要涵盖思政课、专业课和通识类课程。传统上,部分高职院校在重视思政课建设的同时,对专业课和通识课的思想政治育人价值挖掘不够充分,导致育人资源未能完全整合。这种局限性的教育主体配置,看似合理的分工,实际上可能导致育人系统的割裂,从而限制了教育的协同效果。

为了加强高职院校的育人效能,必须从高职教育的本质育人要求出发,扩展思政课的概念,不应仅限于传统的课程框架。育人工作应覆盖课程改革的所有关键环节,全面发挥课堂教学在育人中的核心作用,使思想政治教育渗透至学校教育教学的全过程。这包括整合思想政治理论教育相关课程资源,建立课程思政和思政课程的协同机制。

实现这一目标需要一种科学的理念和系统的思维。高职院校应与教师共同探讨和建立一个完善的课程思政体系,使之与思政课程相辅相成。通过这种系统性工程,我们可以更深入地挖掘并融合思想政治价值与专业理论知识,使之深植于学生心中。这样的教育模式不仅提高了人才培养的质量,而且满足了学生的个性化需求,促进了学生的全面和健康发展。

2. 构建服务育人的协同机制

所谓服务育人,是指在高职院校"三全育人"工作中,将服务活动融入教学、科研、管理等各个方面,全面提升服务质量,实现教育服务的全面融合。这一策略旨在促进学校内部各部门以及学校与社会之间的协作联动,构建完善的一体化育人体系。

首先，服务育人需要从顶层设计入手，在全校范围内普及服务育人的观念，明确具体的目标和执行步骤，使得各项服务育人活动有序进行。这包括设定服务育人的总体和分目标，制定具体的服务育人措施，并整合可用的服务育人资源。

其次，加强服务育人的队伍建设十分重要。这需要结合人才引进和内部培养策略，建立一支专业化的服务育人人才队伍，提高团队成员的使命感、服务意识和实际操作能力。

最后，提升服务管理的科学化和法治化水平也是关键。学校应根据实际情况不断创新服务管理的理念和方法，丰富服务资源，拓展服务功能和领域，以优化学生的服务体验，最大程度地满足学生对优质校园生活的期待。通过这些综合措施，高职院校可以有效实现服务与育人的深度融合，促进学生的全面发展。

（三）建立教育资源协同机制，实现处处着力、处处有力的全方位育人目标

1. 打造思想政治教育信息共享平台

思想政治教育工作无处不在、无时不有，高职院校要充分运用所处场合、所用载体、合理方式来做思想政治教育工作，应针对校园内外、课堂内外及网络内外的全方位育人需求，建立"一站式"高职院校育人模型，搭建高职院校思想政治教育的信息共享平台。

搭建高职院校思想政治教育信息共享平台，不仅能够有效解决高职院校内部各部门之间存在的"信息孤岛"问题，而且可以有效促进校园内外、课堂内外及网络内外三大空间资源的快速调动。对于高职院校思想政治教育信息共享平台，就校园内外维度来看，校外的家庭系统和社会系统都能通过平台准确获取教育资源及相关拓展信息，促进高职院校培养计划的执行；就课堂内外维度而言，在利用课堂积极开展课程思政的同时，学生可以借助共享平台中的大学生思想政治教育课程栏目，在时空方面实现自主选择；就网络内外维度而言，共享平台集聚了丰富多样的内容，能够有效地弥补线下教育

资源的不足，拓宽学生的视野，开辟网络思政的阵地，并采用"互联网+思政"的思维，打造明朗清净的思想政治教育环境。①

建立高职院校思想政治教育信息共享平台，旨在以网络空间为介质，打破学校和外界之间的空间边界，解决大学生思想政治教育面临的资源整合难及信息获取难的问题。因而，在搭建这一平台时，应当对接学校内外部所有相关单位的网络信息资源，链接不同载体平台上的思想政治教育文章，并整理和汇总多种思想政治教育信息，坚决防止多平台分散设置。同时，由于信息共享平台具有社会公共性的特点，所以需要充分考虑社会公众的需求，为校外的家庭、社会设置单独栏目，广泛收集校内外人员关于"高职院校—家庭—社会"协同育人方面的意见及建议，实现平台资源的全社会共享，而不是仅仅被高职院校等少数群体所享有。此外，鉴于平台运行的专业性，需要大力培养业务素质优秀并善于协同合作的平台运作队伍，努力将平台技术人员的技术优势与教育工作人员的思想教育优势有机结合，发挥协同效应，促进平台的有序运行。②

2．建立校际协同育人机制

随着我国高职教育事业的蓬勃发展，校际合作已成为推动其进步的重要驱动力，显著促进了教育资源的优化配置与共享。在此背景下，"三全育人"理念的深入实践，更需构建紧密的校际协同育人机制，旨在打破壁垒，实现育人资源的全面融合与共赢发展。

首先，各高职院校应秉持开放合作的态度，通过友好协商，共同制定出一套既科学又具操作性的协同育人制度与合作模式，为后续的深度合作奠定坚实基础，使协同育人工作能够高效、有序地推进。

其次，构建协同育人的信息共享平台成为关键一环。此平台应充分考

---

① 董秀娜，李洪波．高职院校"三全育人"协同机制构建研究[J]．思想教育研究，2020（8）：148-152．
② 董秀娜，李洪波．高职院校"三全育人"协同机制构建研究[J]．思想教育研究，2020（8）：148-152．

虑到各参与院校的特色与需求，采用灵活多样的方式，包括线上交流、线下互动或者线上线下相结合的混合模式，以适应不同情境下的育人需求。通过这样的平台，各校能够无缝对接育人资源，促进教育理念、教学内容、教学方法等方面的深度交流与融合，最终使育人成效显著提升，形成共赢的局面。

3. 建立校企协同育人机制

高职院校与企业间存在的信息鸿沟与资源不对等，是校企合作深入发展的桎梏，也阻碍了协同育人工作的有效推进。鉴于此，构建完善的校企协同育人机制显得尤为重要，它不仅能够挖掘并利用企业独有的教育资源，实现双方优势的互补互促，提升校企合作实效，而且能为"三全育人"战略的深入实施提供坚实支撑。

首先，促进校企双方在育人理念上的协同一致。理念是行动的灯塔，唯有在育人观念上达成共识，校企协同育人之路方能畅通无阻，深入发展。

其次，需构建科学合理的校企协同育人模式。此模式应促使企业角色从单纯的人才需求者向积极参与人才培养的伙伴转变，通过校企合作，共同设计人才培养方案，实现理论与实践的深度融合。

再者，校企协同育人还需在保障措施上实现协同。这要求高职院校在获取企业资金、技术、实践平台等资源支持的同时，也要紧密对接企业人才需求，邀请企业深度参与人才培养方案的制定与优化，为企业输送高质量的人才，实现双方利益的共赢。

最后，推动校企协同育人还需争取政府、行业协会等多方力量的支持。校企合作是一项系统工程，需要政府政策引导、行业协会协调配合，以及学校与企业的共同努力，只有多方共同参与，才能找到最佳的利益结合点，实现多方共赢、协同发展的良好局面，为协同育人的可持续性奠定坚实基础。

4. 建立家校协同育人机制

育人之责,非学校独担,家庭亦需肩扛重任,家庭在学生成长过程中扮演着不可或缺的角色。因此,学校与家庭之间能否携手并进,形成协同育人的强大合力,直接关乎学生能否实现全面、健康的发展。

尽管高职教育与家庭教育在育人主体、场所及具体实施方式上存在显著差异,如学校侧重系统的理论教育与集体引导,家庭侧重日常行为熏陶与情感支持,但两者的根本目标却高度一致,均体现在促进学生的全面成长与成才。这一共识,构成了学校与家庭在协同育人领域合作的坚实基础。

基于上述共识,高职院校与家庭应当积极寻求合作契机,各自发挥独特的育人优势,建立起基于相互信任与支持的紧密伙伴关系。学校可借助其专业教育资源与科学教学方法,给学生传授系统的知识体系,培养其综合能力与技能;而家庭则以其独特的情感纽带与生活环境,为学生营造温馨的成长氛围,提供正确的价值指引。两者相辅相成,共同为社会输送身心健康、素质全面的优秀人才。

在此过程中,高职院校应主动加强与家庭的沟通联系,建立有效的家校合作机制,实现双方在育人理念、目标与策略上的高度协同。同时,家庭也应积极参与学校的教育活动,了解并支持学校的教育工作,共同为学生的成长成才保驾护航。

第三节 "三全育人"保障机制

一、高职院校"三全育人"保障机制构建的必要性

(一)构建"三全育人"保障机制是高职院校工作协调高效开展的现实要求

当代学子,乃实现中华民族伟大复兴的中国梦的未来栋梁,而广大教

师,则是构筑这支"梦之队"不可或缺的筑梦匠人。为此,我们亟须锻造一支集理想信念、道德情操、扎实学识与仁爱之心于一身的"四有"教师队伍。教师们应紧随时代步伐,不断加强理论学习,革新教育理念与方法,尤其面对思维活跃的"00后"学子,需摒弃传统"填鸭式"教学,勇于探索体验式、感悟式、实践式、情景式等现代教学模式,以激发其学习热情与主动性,使"三全育人"理念有效落地。

在推进"三全育人"的过程中,部分高职院校存在忽视后勤、管理、安保等非教学领域重要性的倾向,这些环节的加强迫在眉睫。后勤服务应为教学与科研提供坚实支撑,创造优越条件,让教育工作者能够心无旁骛地投身于教育事业。

同时,经费保障作为新时代高职院校"三全育人"保障机制的关键一环,其重要性不言而喻。针对部分院校经费紧张,教学设施、校园环境及学生满意度不足的问题,国家与地方应加大财政投入,不仅仅支持思想政治教育工作,更应全面覆盖各项育人项目,减轻教师行政负担,提升教学质量与科研环境,使教师能够全心全意地投入"三全育人"的伟大实践中,共同培育出德、智、体、美、劳全面发展的社会主义建设者和接班人。

(二)构建"三全育人"保障机制是提高高职院校人才培养质量的客观要求

高职院校在育人历程中,务必将思想政治教育与智育结合起来,将立德树人视为人才培养之根本,始终坚守"德为先,方向明"的原则,使之贯穿于高职教育的每一个角落,使社会主义核心价值观深刻烙印于每位大学生的心田。在此引领下,学生不仅仅应怀揣对知识的渴望与勤奋,更应肩扛社会责任,公德私德兼备,成为兼具高深学问与高尚品德的新时代青年。

与旧有育人模式相区分,高职院校"三全育人"体系展现出更为多元的内涵与复杂的运行机制,它顺应时代脉搏,持续进化与深化。当前,我国高职院校正处于"三全育人"体系建设的深化期,有广阔的发展前景。

因此，构建并优化"三全育人"保障机制，对于提升高职院校立德树人的质量与成效具有举足轻重的作用。

该保障机制的建立健全，是推进"三全育人"工作体系化、系统化、规范化的核心环节，亦是确保其成效显著的必要条件。其能否发挥实效，关键在于育人理念能否科学精准地传达给学生，以及学生能否以理性开放的态度接纳。故而，教育主体需精心设定教育目标，勇于创新教学方式方法，持续优化育人流程；同时，高职院校还需强化心理健康教育，致力于塑造学生健康健全的人格，全方位促进学生的全面发展与成长成才。

（三）构建"三全育人"保障机制是高职教育改革与经济社会协调发展的必然要求

改革开放以来，我国经济社会飞速发展的同时，也伴随着一系列矛盾与问题的显现，如物质与精神文明发展的失衡，以及发展中的不平衡、不充分、不协调现象。为应对这些挑战，国家提出了协调发展的战略理念，旨在通过全局性视角和系统性方法，促进经济社会的有序、和谐、健康发展，弥补过往片面解决问题的不足。在社会主义现代化建设的关键期，"协调保障"理念尤为重要，它引导我们更加全面地审视和解决发展中的问题。

鉴于此，高职院校在强化思想政治教育的同时，应深入将"协调保障"融入"三全育人"的理论探索与实践之中，促使育人体系内的各要素相互协调、互为支撑，保证"三全育人"工作取得显著成效。具体而言，高职院校需构建一套完善的"三全育人"保障机制，这一机制是一个由政策扶持、人才队伍建设、经费保障等关键环节组成的有机系统，通过精细化的质量管理活动，不仅仅能够保障日常教学工作的顺畅进行，更为"三全育人"体系的持续优化与升级奠定了坚实基础。通过这样的努力，高职院校能够更有效地应对新时代的发展要求，培养出更多德、智、体、美、劳全面发展的高素质人才。

当前，深入开展高职院校"三全育人"工作，已经成为高职教育高质量发展的一个基本要求，能够有效地培养学生的综合素质，更好地满足经济和社会发展对人才的需求。事实上，高职院校的育人质量不仅是衡量高职教育内涵式发展成效的核心指标，而且也是我国高职教育大众化发展的生命线。构建"三全育人"保障机制，是对高职教育如何保障并提升人才培养质量和水平的正确探索，客观上也可以促进高职教育领域改革的不断深化，推动高职教育的现代化、高质量发展。[①]

二、高职院校"三全育人"保障机制构建的实现方式

要建立以保障机制为支撑的"三全育人"运行机制，高职院校就要在政策落实、人才队伍及经费供给等方面下足功夫。

（一）政策保障

1. 健全管理制度

顶层设计是高职院校实施"三全育人"的基础，需紧扣国家指导方针，结合校情实际，科学设定工作目标与实施方案。在此基础上，应构建并强化"三全育人"领导小组机制，由校党委核心引领，明晰各部门职责分工，形成党委总揽全局、院系精细执行、党政群协同发力的良好生态。同时，需深化"班主任—辅导员—学业导师"三位一体的管理模式，促进三者间的紧密合作与资源共享，学业导师积极参与班级活动，与班主任、辅导员协同互补，共同为学生的全面发展保驾护航。

2. 完善监督制度

高职院校"三全育人"工作的开展，涉及领域广泛，人员关系复杂，需要完善相应的监督制度以保障"三全育人"工作的有效落实。一方面，健全

[①] 徐文婷. 高职院校创新创业教育保障机制的内涵及其构建意义[J]. 教师教育学报，2017，4（2）：83-88.

监督制度有利于快速、真实地反馈日常工作中的状态信息，有利于对突发事件进行防控，从而避免出现重大问题；另一方面，监督制度的执行也有利于推动"三全育人"相关主体育人合力的形成，保障"三全育人"的工作成效。

3. 强化自我建设

学生的卓越成就源自不懈的奋斗，而人性中的惰性往往成为持之以恒的绊脚石。为此，构建科学合理的规则与制度体系非常重要，它们如同催化剂，能有效激发学生的内在潜能与持续动力，为育人成效保驾护航。一个健全的自我管理机制，能够引导学生逐步学会自我约束与管理，在日常学习生活中实现自我驱动与自我服务，进而塑造高尚的思想道德风貌，培养优良的行为习惯，最终促进学生的全面、协调、可持续发展。

4. 优化制度规范

毋庸置疑，教师在"三全育人"体系中的作用至关重要。因此，不断健全教师的考核机制，逐步完善考核和激励方式，将教师参加的思政活动与其薪酬福利、职称评审、职位晋升、评奖评优相结合[①]，有利于提高教师队伍的师德水平、育人动力和育人能力。从操作层面来看，通过建立相应的评价与奖惩体系，选用表现优异的教职工担任班主任和学业导师等，有助于"三全育人"工作的稳步推进。

（二）人才队伍保障

1. 坚持正确政治方向，做先进思想文化的传播者

习近平新时代中国特色社会主义思想，作为马克思主义中国化的璀璨新篇，不仅仅是引领国家改革复兴的灯塔，更是推动党和国家事业蓬勃发展的行动纲领。高职院校人才队伍的建设，首要在于以这一思想为精神武器，增强"四个意识"、坚定"四个自信"、做到"两个维护"，这是队伍政

---

① 陶辉. 新时代高校"三全育人"的实现路径和保障机制研究[J]. 广西教育学院学报，2020（5）：120-124.

治方向正确的基础。同时，队伍建设还需要社会主义核心价值观的导航，激励教师以德为范，寓教于德，积极传播时代强音，弘扬社会正气，成为先进文化的引领者与践行楷模。

2．坚守政治信仰，做党执政的坚定支持者

高职院校教师作为党的教育事业的中坚力量，必须坚持党的领导核心地位，将校园构筑为党领导思想的坚固堡垒。每位教师均应秉持坚定的政治信念，不断提升自我思想政治素养，在教学、科研及育人的每一环节，恒久如一地传递党的理论精髓、路线方针与政策导向，勇于抵御社会不良思潮的侵袭。同时，教师应强化对学生主流意识形态的培育，坚决捍卫党的权威，高扬时代主旋律，为学生成长之路点亮明灯。

3．坚持教书育人，做学生健康成长的领路人

教育从本质上来说，一方面是教，即"上所施，下所效也"；另一方面是育，即"养子使作善也"。因此，高职院校教师作为教育工作者，要坚持教书和育人相统一，把教书和育人看成一个整体。在教育学生系统掌握理论知识的前提下，高职院校教师应以思想政治教育为重，不仅仅让学生懂得做事、做人的道理，更要让学生学以致用，做学生健康成长的指导者和引路人[①]，为社会培养高素质技术技能型人才。

4．投身科研事业，做勇攀科研高峰的探路者

高职院校作为知识应用与技术服务的重要阵地，应主动适应经济社会发展需求，为区域产业升级提供技术支持与人才保障。因此，面对来自高职院校外部及高职院校自身的诸多挑战和问题，高职院校教师要有担当精神和使命感，勇于直面挑战；同时，应积极呼应时代发展的需求，关注经济和社会发展的前沿性问题，大胆采用新思路、新工艺、新技术和新方法，力争取得开创性成果，推进科研成果转化，推动经济和社会发展。

---

① 谢冬冬．高校思想政治教育实践育人机制体制建构研究[D]．南昌：江西财经大学，2016．

5. 坚守廉洁自律，做身正为范的践行者

高职院校廉洁文化的精髓，根植于清廉不污的核心价值，同时融汇品行端方、节俭务实、勤勉自律、诚信守法的多元要求。强调自律与廉洁并重，旨在确保学术权力规制下的廉洁文化建设，与学术自由、自治的精神内核相契合，亦与道德自律的高标准相呼应。基于此，高职院校人才队伍建设需深植正确的价值观与权力观，持续提升自我约束能力，严守道德红线，让权力运行沐浴在阳光之下，营造风清气正的学术与育人环境。

（三）经费保障

1. 争取国家经费扶持

高职院校应积极争取国家在资产处置收益使用、校企合作投入激励、社会捐赠、税收优惠等方面的支持性政策，并重点通过优化资源配置、盘活存量资产等方式挖掘内部潜力，同时积极吸引和整合政府投入、行业企业资源、社会公益资本等多方投入，共同为"三全育人"项目提供有力、持续的经费支撑。

2. 争取当地政府经费支持

实践证明，地方财政拨款是很多高职院校尤其是地方高职院校"三全育人"建设经费保障的坚强后盾和有力支撑。因此，高职院校应当积极与当地政府建立密切联系，多层次、多渠道开展合作项目，争取地方财政对高职院校发展经费投入的更大支持，为"三全育人"工作的开展提供更充足的经费保障。同时，地方政府也应从支持高职院校发展、全面提高人才培养质量的角度，加强对高职院校"三全育人"工作的支持力度，逐渐增加"三全育人"建设配套经费的投入总额，建立健全对高职院校办学及"三全育人"建设经费支持的长效机制。①

---

① 李圣. 我国高等教育经费筹措方式研究[D]. 上海：华东师范大学，2010.

3. 高职院校自身筹措经费

高职院校作为"三全育人"体系经费保障的核心,需自我革新,摒弃旧识,紧跟时代脉搏,秉持开放办学理念。通过深化与科研机构、同行院校、企业及国际名校的交流合作,高职院校应努力构建资金、技术、人才汇聚的高地,拓宽经费筹措路径,减少对政府财政的单一依赖。

第四节 "三全育人"运行评价机制

一、健全科学合理的运行机制

(一)划分阶段,充实内容

"三全育人"工作横跨学生自入学至毕业的全程,要求高职院校精准把握思想政治教育各阶段的独特使命,针对学生心理成长的阶段性特征,量身打造教育内容与策略。具体而言,高职院校三年学制下的"三全育人"可细化为三个阶段,各阶段目标明确,内容递进。

初入高职一年级,学生面临从高中到大学的角色转换与生活适应挑战,此阶段以"适应性教育"为核心,旨在帮助学生快速融入大学生活,树立正确的三观(世界观、人生观、价值观),培养明辨是非、知荣辱的品德,为未来的学习与生活奠定坚实基础。

进入高职二年级,学生已逐步适应大学环境,思想政治理论素养初步形成。此阶段的教育重点在于"成长成才"教育,鼓励学生深入学习马克思主义理论,增强社会责任感与历史使命感,促进个人全面发展,为未来的职业生涯和社会参与做好充分准备。

步入高职三年级,作为校园生活的尾声与职业生涯的起点,此阶段强调"职业道德与职业意识"的培养,旨在通过教育引导学生树立正确的职业观念,激发创新创业精神,增强服务社会的意识与能力,为顺利步入社会、贡献社会力量奠定良好基础。

三个阶段的教育内容紧密相连，既尊重学生成长发展的自然规律，又紧密契合大学生思想政治教育的内在要求，共同构成一个系统、完整、科学的育人体系。

（二）整合资源，创新渠道

思想政治教育资源不仅是"思想政治教育内容的承载体，而且是其内容实现的重要保证，它包含所有支撑社会发展的价值性要素"[①]。教育资源的取舍至关重要，全体教师精心地挑选思想政治教育资源并加以科学的优化和整合是扎实高效开展思想政治教育的重要基础。高职院校全体教师应立足学生特点、区域教育资源配置等实际，科学合理选择运用教育资源，注重教育资源在教育中的契合性和教育性，努力实现教育资源整体教育效能发挥的最大化，更好地服务于教育目标的实现。

首先，教育资源的完整性与深度是关键，这些资源需蕴含丰富的知识、情感、意志与审美元素，以促进学生思想政治素质与道德品质的全面发展。教师应系统性地规划教育资源，实现其体系化与制度化，紧密结合"做人"与"做事"的教育目标，以培养出符合社会需求的高素质人才。

其次，教育资源的应用需兼顾层次性与针对性。教师应充分考虑学生个体差异，包括不同院校、专业及学生群体间的特点，精准匹配教育资源，实施差异化教学。这要求教师不断优化资源配置，实现因材施教，促进每位学生的全面发展。

再次，资源整合是提升思想政治教育实效性的重要途径。面对学生反映的教育内容同质化问题，教师应积极创新，采用科学方法整合校内外的有形与无形教育资源，包括社会文化资源和家庭教育资源，同时紧跟时代步伐，充分利用新媒体资源，体现教育内容的新颖性与时效性。

最后，教学实施应紧密贴近生活、实际与学生需求。思想政治教育应

---

① 卢岚，黄丽. 现代思想政治教育资源的开发利用研究[J]. 中国矿业大学学报（社会科学版），2015（3）：20-25.

避免空洞说教，紧密关联学生的生活实际，尊重其主体地位，激发其主观能动性。教师应围绕现实生活主题，灵活整合教育资源，引导学生通过实践深化理解，促进理论知识与实际行动的有机结合。

（三）营造良好的育人生态

营造卓越的育人生态，关键在于构建一个民主、开放且和谐的校园文化氛围。校园文化，作为隐性的思想政治教育沃土，既蕴含学校精神内核与物质风貌，又以其独特的魅力潜移默化地影响着师生的思想与行为。其精髓在于传承与发展，是连接过去与未来的桥梁，赋予学校以生命力与活力。

在高职院校中，强化民主、开放、和谐的校园文化，对"三全育人"机制的深化具有不可估量的推动作用。

首先，高职院校应深化"三全育人"理念的宣传教育，通过多元化渠道增强全体师生的教育使命感与责任感，使立德树人成为校园文化的核心价值追求。高职院校应充分利用思想政治理论宣传的阵地，将其打造为校园文化中的一道亮丽风景线，同时加大对思想政治教育工作成效的宣传，凝聚共识，激发全体师生的共同奋斗热情。

其次，坚持依法治校与以德治校相结合，是塑造健康校园文化生态的关键。以习近平新时代中国特色社会主义思想为指导，高职院校应结合自身办学特色与资源优势，构建科学有效的校园治理体系，让"三全育人"机制在法治与德治的双重保障下稳健运行。教育领导者、学科带头人及广大师生需各司其职，协同合作，共同推动校园文化软实力的提升。

最后，校园文化建设应追求高质量与内涵式发展。高职院校需妥善处理立德与育才的关系，坚持思想政治教育为先，营造风清气正的校园环境。同时，要巧妙融合思想政治教育与校园文化建设，强化文化育人功能，特别是要鼓励学生积极参与校园文化建设，形成双向互动的良好局面。通过开展丰富多彩的第二课堂活动，不仅丰富学生的校园生活，而且能激发其创造力与参与热情，促进其德、智、体、美、劳全面发展，使校园文化成为第一课堂教育的有力补充与延伸。

二、建立科学的考核评价机制

（一）建立科学的教师考核机制

构建科学完善的"三全育人"考核评价机制，对于激发高职院校教师的工作热情与参与度相当重要。为此，高职院校应遵循统筹兼顾、实效导向的原则，精心设计考核体系。各职能部门需基于自身特性，量身定制思想政治教育考核指标，学校则负责汇总整合，保证最终形成的考核机制既科学合理，又具高度可操作性和针对性，紧密贴合学校实际与教师发展需求。

此考核机制应全面覆盖学生成长的每一个阶段，从学生入学至毕业的全过程，使"三全育人"理念深入人心，实践于行。具体而言，考核不仅仅要考虑育人成果，更要重视育人过程的评估，以全面、客观地反映教师的教育贡献与努力。

为强化考核机制的激励作用，高职院校应将考核结果与教师的职业发展紧密挂钩，包括职务晋升、职称评定、绩效分配及荣誉表彰等关键环节。通过正面激励，激发教师群体对于"三全育人"工作的热情与投入，形成积极参与、竞相作为的良好氛围，进而推动"三全育人"机制的有效运行与持续优化。

（二）建立科学的学生评价机制

所谓思想政治教育评价是"依据一定的评价标准，运用定性与定量相结合的科学方法，对思想政治教育过程及其结果进行的价值判断"[1]。思想

---

[1] 邱柏生. 思想政治教育学科评估指标体系问题[J]. 学校党建与思想教育，2003（11）：17-19.

政治教育评价是对学生思想政治素质发展状况的检测。它对整个教育过程起着导向、监控、激励、强化、诊断和鉴定的功能。当前高职院校对学生的教育评价存在诸多不足之处，改进教育评价，建立科学规范的评价机制势在必行。高职院校要深入调查，积累思想政治教育评价指标的要素，制定出符合学校实际和学生要求的思想政治教育评价机制。

首先，应致力于评价标准的多元化发展。这意味着要摒弃"唯分数论"的传统观念，转向一个更加全面、立体的评价体系。此体系应尊重学生的主体地位，关注学生的全面发展，包括道德品质、专业能力、实践素养、身心健康及人文情怀等多个维度。通过制定科学、系统的评价标准，使评价过程既注重结果又重视过程，真正体现"德才兼备、以德为先"的教育理念。

其次，评价方式的多元化同样关键。高职院校需勇于创新，探索多样化的思想政治教育评价方式。这包括引入实践性评价、日常表现评价、同伴评价等多种手段，以全面、客观地反映学生的真实面貌。同时，应合理运用定量与定性相结合的评价方法，既关注可量化的指标，又不忽视那些难以量化的软性素质，从而避免评价的片面性。

最后，评价主体的多元化也是不可或缺的一环。评价机制的构建应打破教师单一评价主体的局面，鼓励学生积极参与评价过程，通过自我评价、同伴评价等方式，增强学生的主体意识和自我反思能力。这种多元评价主体的设置，有助于形成更加全面、客观的评价结果，同时也能促进学生的自我成长和相互学习。

综上所述，构建"三全育人"机制是一项系统工程，需要高职院校从思想到行动进行全面革新。在思想层面，要牢固树立立德树人的教育理念；在行动层面，则要精心构建涵盖教学、管理、生活等多方面的育人机制。通过多元化的评价体系、科学的方法论指导以及全体师生的共同努力，推动高职院校人才培养质量的全面提升，为推进中国式现代化贡献力量。

第五章 高职院校"三全育人"的创新发展

第一节 学生入学教育

一、新生入学时的特点分析

(一) 期望值过高引起的失落心理

人类天性中蕴含着对未来的憧憬与期望,这种力量是推动个人成长与社会进步不可或缺的动力源泉。期望如同灯塔,照亮生活的航向,引导我们规划未来,勇敢前行。然而,对于历经高考洗礼,成功踏入大学门槛的学子而言,他们对大学生活的憧憬往往超越了现实的框架,编织出一幅幅过于理想化的画面。

部分高职学生将大学生活幻想为无拘无束、悠然自得的场所,这种认知忽略了高等教育背后的严谨与挑战。他们可能过分乐观地评估了自己的适应能力与未来前景,带着一种不切实际的轻松心态步入校园。这种心理状态,究其根源,在于对大学真实面貌的认知不足以及缺乏周密的入学准备与规划。

随着大学生活的逐渐展开,当现实与幻想产生巨大反差时,部分高职学生可能会遭遇心理冲击,感受到前所未有的失望、迷茫甚至挫败。他们开始意识到,大学生活并非想象中的乐园,而是需要自我驱动、持续学习与不懈努力的竞技场。

(二) 目标缺失

由于我国高考选拔制度,一般情况下,部分高职学生在文化成绩达不到本科院校要求下,才选择高职院校,这从一定程度上反映了部分高职学生文化基础相对薄弱,在掌握素养性理论知识方面存在困难,学习自律性也相对欠佳。此外,进入大学以后,他们心中常萌生"上了大学就轻松了"

"终于能稍微歇一歇"的念头，这种心态的转变，往往会导致目标的模糊与缺失。在大学这个全新的环境中，以及学历内卷的社会大环境下，部分高职学生陷入迷茫与彷徨，对于为何而来、所学为何，以及未来的出路何在等问题充满了困惑与不解，焦虑也随之而来，这种目标的缺失，使得他们失去了前进的动力，甚至对读书的意义与未来的职业规划产生了质疑。

因此，对于大学新生而言，及时调整心态、重新设定目标显得尤为重要。他们需要认真思考自己的兴趣所在、优势特长以及未来的职业规划，从而为自己在大学期间的学习与生活树立起新的航标。

（三）学习动力不足

大一新生带着高考的余温与满心的憧憬步入大学校园，面对截然不同于高中的学习环境与生活节奏，他们往往感到既兴奋又不安。宽松的学习氛围、丰富多彩的课外活动以及更多自主支配的时间，为他们提供了广阔的成长空间，但同时也带来了适应上的挑战，许多学生因此出现学习动力不足的问题。

深入分析其原因，我们可以发现以下几点：第一，随着高职院校招生规模的扩大，更多高中毕业生得以接受高等教育，这虽然促进了教育普及，但也在一定程度上影响了生源质量，部分教师反映学生整体学习热情有所下降。第二，在实现了高中时期单一的"考上大学"的目标后，部分学生缺乏新的驱动力，产生了懈怠情绪，误以为大学是放松的场所，无需再刻苦努力。第三，当代大学生的独生子女身份使得他们在独立思考与规划未来方面显得经验不足，容易陷入迷茫与随遇而安的状态。第四，部分学生过于看重大学环境的宽松，将学习目标设定为及格而非优秀，对自我的要求低，转而追求个人特长的发展，忽视了学业的重要性。同时，经济繁荣与物质诱惑的增多，也让部分学生难以抵挡外界干扰，学习专注度下降。加之对大学学习方法的不适应，部分学生感到课程难度大、进度快，逐渐失去信心，甚至放弃学习。第五，不容忽视的是大学生的从众心理与自控力问题，个别学生的不良习惯往往能迅速传播，影响整个群体的学习氛围。

（四）生活上的不适应

踏入大学校园，学生们迎来了一个全新的独立生活阶段。然而，这种转变并非一帆风顺，不少学生面临了诸多挑战。有的学生在父母的庇护下成长，骤然失去无微不至的关怀，显得手足无措，难以迅速适应大学生活中的自我管理与独立生活；在财务管理方面，部分学生未能合理规划开销，导致生活费如同流水般迅速耗尽，陷入"月光"困境；面对大学中五彩缤纷的社团活动和校园组织，部分学生感到应接不暇，难以像高中时那样简单往返于食堂、教室与宿舍之间；在人际交往中，个别学生缺乏集体意识，过度以自我为中心，期待他人的照顾与帮助，却忽视了相互间的支持与体谅；此外，还有学生因地域差异而在气候、饮食、语言及作息习惯上存在不适应，进一步加剧了初入大学的不适感。这些问题共同构成了新生适应期的多重挑战，需要学校、家庭及个人共同努力，助力学生平稳过渡，开启丰富多彩的大学生活。

二、入学时的育人对策

（一）利用新生军训进行思想政治教育

新生踏入大学校园后，普遍携带着特定的心理状态与身体条件，这些特征成为他们新生活的起点。经历了高压的高三备考、紧张的高考以及随后的悠长假期，许多新生怀揣着对自由与放松的渴望，误将大学的宽松环境视为无拘无束的玩乐场所，进而表现出纪律意识淡薄、管理服从性差的现象。同时，对于首次离家求学的学子而言，集体生活的陌生感可能引发其孤独、焦虑等情绪，影响他们融入新环境的步伐。

鉴于此，科学合理地安排军训成为新生入学教育的关键环节。军训不仅仅是一项体能训练，更是一次心灵的洗礼，其教学内容应严格遵循军事训练规范，围绕三大条令展开，涵盖分队战术、军体拳、队列训练及军事理论教育等多个维度，旨在锤炼学生坚韧不拔的意志品质，培养其面对困难不退缩的勇气与决心，同时强化集体观念，提升体能素质。

在军训课程设计上，需遵循循序渐进的原则，从低强度训练逐步过渡到高强度训练，使学生身体能够适应并受益于这一过程。此外，心理健康教育引导同样不可或缺，教师需密切关注学生的情绪变化，对出现心理波动的学生及时给予心理疏导与关怀，帮助他们顺利度过适应期。

军训期间，树立优秀军训标兵的榜样力量尤为重要，可通过他们的模范行为激励全体新生追求卓越、勇于担当。

（二）开展形式多样的入学教育提升实效

人的本质，在其实践性本质中，体现为所有社会关系的交织与总和。大学生踏上社会、致力于服务，是其学习旅程的终极目标，唯有历经社会的磨砺与考验，方能实现个人价值与社会价值的和谐统一，成就更加完整的人生。个人的成长与进步，深深植根于与他人直接或间接的互动之中，这些关系如同养分，滋养着个体的全面发展。

教师的教诲诚然宝贵，它提供了思想与理论，但学生想要真正地理解与掌握，还需通过社会实践的熔炉来检验与升华。人际交往成为理论与实践的桥梁，使思想道德观念与行为习惯在社会的大舞台上得以锤炼，展现出其社会性的一面。这些品质与能力，并非天生具备，亦非单纯教授所能赋予，而是在一次次尝试与挑战中逐渐积累，无论是挫败的苦楚还是成功的甘甜，都是生命中不可或缺的财富，推动着我们不断前行，自我超越。

大学校园，作为连接象牙塔与社会的桥梁，提供了丰富多彩的平台——心理咨询、社团活动、爱国主义教育、文体活动及社会实践等，这些不仅仅是课堂教学的有益补充，更是大学生步入社会前不可或缺的预热与准备。它们拓宽了学生的视野，丰富了学生的知识，更在实践中锤炼了学生的能力。在这些活动中，创新、进取、爱国、集体与民族精神应成为贯穿始终的主旋律，引导学生以积极向上的态度，沿着正确的方向探索前行。通过活动与实践，学生得以在体验中成长，在交流中反思，提升自我认知的同时，也增强了其思想道德素质与综合能力。

为助力新生顺利过渡，学校应精心策划多样化的入学教育活动，如心理健康教育、专业教育讲座、新生交流会、职业规划工作坊等，旨在帮助学生快速融入大学生活，把握学习节奏，明确未来方向。这一系列举措，旨在构建一个温馨而富有挑战性的成长环境，让每一位新生都能在探索与实践中绽放光彩。

第二节　学生在读教育

一、在读期学生特点分析

（一）出现"重技术轻素养"的现象

当前，在校学习 2 年，岗位实习 1 年的"2+1"模式是高职院校常采用的教育教学模式，这使得高职学生在校学习时间较短。同时，由于"校企合作"和"工学结合"是职业教育的办学理念，"职业性"和"技术性"是职业教育的显著特征，使得学生在校学习的两年中，主要以掌握某门技术技能为重点。一方面，时间紧、任务重，技术技能的掌握至关重要；另一方面，人文素养知识的掌握需要长期坚持与熏陶，使得重技术、轻素养的现象出现。在此背景下，高职院校逐渐形成了偏重技术技能型、以就业为主的课程设置，而对中华优秀传统文化、传统礼仪等人文素养的课程设置相对偏少，因此，人文素养提升的渠道与空间相对狭窄。

因此，在这一群体中不乏少数高职学生表现出与高素质要求不相符的行为模式。具体表现为：在校园环境中，存在吸烟并随意丢弃烟蒂的现象，破坏了校园的清洁与美观；教室、宿舍及公共区域常见瓜子壳、纸屑散落，甚至有学生随地吐痰，忽视了公共卫生的重要性；部分学生对公共财物缺乏尊重，肆意涂画课桌椅，损害了公共财产；在人际交往中，礼貌缺失，不遵守基本礼仪，对师长缺乏应有的尊敬，课堂纪律松散，迟到、早退乃至旷课现象时有发生；用餐时，无视秩序，随意插队，影响了他人权益；极少数学生间存在暴力冲突、言语不和乃至欺凌行为，以及个别偷窃案例，损害了校园的安全与和谐；恋爱观念上，部分学生在公共场合行为失当，过于亲密，未能恰当把握分寸；部分学生集体意识薄弱，逃避班级活动，缺乏团队精神和集体荣誉感；在生活态度上，少数学生过分追求物质享受，浪费资源，缺乏节俭意识，沉迷于攀比与消费，甚至涉足不良嗜好，如酗酒、过量吸烟，以及对名牌产品的盲目追求，这些行为均偏离了健康、理性的生活轨道。

（二）有强烈的政治热情但缺乏辨别是非的能力

广大在校学生普遍怀揣深厚的爱国情感，坚定支持中国共产党的领导与改革开放政策，对社会动态与国家命运保持高度关注。然而，受限于相对有限的社会经验与人生阅历，他们在面对复杂多变的社会现象时，往往缺乏稳固的政治判断力与敏锐的洞察力，容易仅凭表面现象作出判断，孤立地审视问题，从而得出偏颇的结论。加之新媒体技术的迅猛发展，信息传播速度空前加快，这些片面见解一旦形成，便可能迅速扩散并放大，进一步固化其错误认知。

在全球视野下，随着中国综合国力的显著提升和国际地位的不断攀升，中国在国际舞台上的角色日益重要。然而，这也引发了一些西方国家的警惕与偏见，部分西方国家受冷战思维影响，对社会主义中国持有根深蒂固的误解与偏见，思想领域的摩擦与对立有所加剧。这些西方国家利用多种文化载体，如电影、艺术表演、体育赛事等，向我国青年尤其是大学生群体渗透其价值观念，企图通过精心策划的政治事件，对中国共产党进行污名化，攻击我国的社会主义核心价值观。

在此背景下，大学生群体成为西方意识形态渗透的易感人群，他们可能在不经意间受到资本主义腐朽文化的侵蚀，甚至被某些别有用心的势力所利用，参与或传播不实信息，对社会稳定与国家形象造成潜在威胁。因此，加强高职学生思想政治教育，提升其政治敏锐性与鉴别能力，防范西方意识形态渗透，维护国家意识形态安全，显得尤为重要和紧迫。

（三）有远大理想但过分追求个人价值

我国改革开放的深化，为具有强烈的自我驱动与职业规划意识的高职学生提供了更广阔的实现个人价值的舞台。随着社会环境的日益开放，个体在追求生活方式与职业路径上拥有了前所未有的自由度，政府的简政放权举措更是激发了全民的创造活力与奋斗热情。大学是连接校园与社会的桥梁，高职学生们满怀憧憬与梦想，期待将所学知识转化为实现个人理想的力量。

然而，在设定人生目标的过程中，一个不容忽视的现象逐渐显现：部分高职学生在权衡个人发展与社会贡献时出现了失衡。在规划职业生涯时，他们倾向于将个人利益最大化作为首要考量，因此如创业，成为网络红人或明星等快速致富或成名道路备受追捧。相对而言，那些对社会具有深远影响却可能需要长期投入与奉献的职业，如教育、医疗及科研领域，则在一定程度上遭受了冷遇。

这一现象反映了部分高职学生在实现个人价值过程中，对社会责任感的忽视。他们追求的是个人成就的最大化，而非在贡献社会的同时实现自我价值。诚然，个人奋斗与追求梦想无可非议，但如何将个人理想融入社会进步的大潮，实现个人与社会的和谐共生，成为当下教育引导中亟待解决的问题。因此，培养高职学生的社会责任感，引导他们在追求个人梦想的同时不忘回馈社会，显得尤为重要。

二、在读期育人工作的对策

（一）扩展思想政治教育内容

高职院校的思想政治教育，其内容广泛而深邃，涵盖历史、文化、道德、法律等多个维度，随着社会的不断演进与学科间的深度融合，其教育内容亦需保持动态更新，紧跟时代脉搏。这不仅仅要求教育者具备敏锐的洞察力，时刻捕捉社会热点，更需要教育者持续扩充知识储备，拓宽知识边界，同时汲取通识教育的精髓，依据大学生身心成长规律与教育科学原理，不断优化教材内容与教学方法。

首先，强调时代性与创新性。面对日新月异的世界格局，高职院校的思想政治教育必须与时俱进，紧密贴合时代特征。在传承经典马克思主义精髓的基础上，应灵活运用当代马克思主义理论阐释现实社会问题，使教学内容既根植于深厚的历史土壤，又焕发着时代的光芒。通识教育亦应同步更新，保持知识体系的多元与开放，以适应全球化背景下社会发展的新趋势，引导学生以批判性思维审视世界，培养其成为能够运用马克思主义原理分析复杂问题的智者。

其次，深化人文教育，促进人的全面发展。人文社科作为通识教育的核心组成部分，对于提升高职学生的综合素养、促进个体全面发展具有不可替代的作用。高职院校应将思想政治教育与通识教育深度融合，特别是在人文社科领域加强联动，通过丰富的人文知识讲授，增强思想政治理论的吸引力和感染力，使学生在理解历史文化、传统道德、法治观念的过程中，自然而然地内化马克思主义世界观与方法论。这种融合不仅使思想政治理论课程更加生动有趣，而且为高职学生搭建了从具体到抽象、从历史到现实的认知桥梁，促进其全面而深刻地把握思想政治理论的核心要义。

（二）显性教育与隐性教育相结合

显性教育作为教育的主渠道，侧重通过课堂教学直接传递主流文化和价值观念，而隐性教育则以其独特的方式，在无形中影响学生，通过参与式、体验式活动如团队挑战、社会实践及演讲比赛等，让高职学生在享受过程的同时潜移默化地接受教育。隐性教育的隐蔽性特点，有效规避了传统课堂可能引发的厌学情绪，成为现代教育中备受推崇的一种模式。

针对高职院校思想政治教育中理论知识丰富但易引发学生抵触情绪的问题，教育者需采取更为灵活的教学策略。这要求教师不仅精通课程理论基础，而且需具备将抽象理论转化为生动实例的能力，通过结合时事热点、生活案例，运用富有感染力的语言和个性化教学方式，让理论知识"活"起来，激发学生的学习兴趣与主动性。

更重要的是，教师应深刻理解隐性教育的精髓，并巧妙地将其融入日常教学中。这意味着教师不仅要将思想政治教育渗透至专业课程与综合课程中，而且应充分利用微博、微信公众号等新媒体平台，以及校园文化的熏陶作用，将教育理念融入学生的日常学习与生活中。通过营造积极向上的校园文化氛围，开展丰富多彩的课外活动，让高职学生在不知不觉中接受并内化正确的价值观，从而更加深刻地理解并坚信马克思主义对生活与工作的指导意义。

（三）创新思想政治教育的方法

随着微信、微博等新媒体的蓬勃兴起，高职院校的思想政治教育迎来了前所未有的发展机遇。面对这一时代浪潮，高职院校应敏锐把握契机，深度融合新媒体技术，对传统教育模式进行革新，探索并实施现代化的教学方法。

关键在于，我们要从传统以教师为中心的教学模式中解放出来，转变为以学生为课堂主体，鼓励并引导学生从被动接受转为主动探索。这一转变不仅仅是对教学形式的调整，更是对教育理念的根本性革新。正如古人所云："授人以鱼不如授人以渔。"我们的目标在于引导学生找到通往智慧的道路，而非仅仅灌输知识本身。

为了实现这一目标，启发式与引导式教学法成为关键。这些方法鼓励学生通过独立思考、合作探究来解决问题，从而激发他们的学习兴趣，培养其批判性思维和创新能力。在课堂上，教师可以通过设计富有挑战性的学习任务、组织小组讨论、开展案例分析等方式，引导学生主动参与到学习过程中来，让他们在解决问题的过程中学会学习，学会思考。

同时，新媒体技术的运用为这一教学模式的实施提供了强有力的支持。教师可以利用微信、微博等平台，发布学习资料、组织线上讨论、分享学习心得，打破时空限制，让学习无处不在。这些新媒体工具不仅丰富了教学资源，而且增强了师生之间的互动与交流，使得教育过程更加生动、有趣且高效。

（四）传承人文精神，应对功利主义挑战

1. 健康乐观的校园文化氛围

校园文化，作为精神文化的重要载体，深刻体现着高职院校的核心价值与教育理念，它是师生共同认同的信仰，更是塑造学生品格、锤炼意志不可或缺的精神食粮。这种文化烙印，即便在学生踏出校门后，依然深植于心，成为他们人生旅途中的宝贵财富，激励他们在未来的道路上勇往直前。

在高职院校的思想政治教育中，校园文化的影响力跨越时空，历久弥新。它以马克思列宁主义、毛泽东思想、邓小平理论、"三个代表"重要思想、科学发展观以及习近平新时代中国特色社会主义思想为指引，不仅仅承载着传承与弘扬传统文化的使命，更肩负着与时俱进、勇于创新的责任。这意味着，校园文化应在坚守传统精髓的同时，积极拥抱时代变迁，不断从中华民族悠久的历史长河中汲取智慧，同时开放包容，吸纳世界各国的文化精华，以此丰富自身的内涵与外延。

在这一过程中，关键在于探索并构建一种能够凝聚师生共识、彰显学校特色、融入校园独特元素的精神文化体系。这样的校园文化，应当是一种积极向上的力量，能够激发师生的共同愿景，促进个体与集体的和谐发展。通过营造这样的人文环境，我们旨在培养学生的全球视野、

本土情怀以及创新精神，使他们成为既有深厚文化底蕴又不失时代气息的复合型人才。

2. 舒适协调的校园环境

外部环境与个体的心理状态紧密相连，尤其对于长期生活在其中的学生而言，校园环境更是塑造其身心健康的关键因素。一个精心规划与设计的校园，不仅赏心悦目，而且能在无形中滋养学生的心灵，促进其身心的和谐发展。

校园环境之美，源自实体建筑与无形文化的完美融合。从错落有致的宿舍楼、教学楼到布局精巧的食堂、图书馆，每一处空间的设计都蕴含着对学习与生活的深刻思考，旨在为学子们创造一个既高效又舒适的学习环境。而点缀其间的校园文化墙、英语角等人文景观，更是校园精神的直观展现，它们不仅仅美化了环境，更在潜移默化中传递着学校的文化底蕴与时代精神。

此外，随着新媒体的兴起，校园文化的传播方式也日益多元化。微信公众号、微博、校园广播、电视及报纸等多种媒体平台的综合运用，使得校园文化得以跨越时空界限，深入每一位师生的心中。这些平台不仅成为校园文化展示的新窗口，而且是师生交流互动、共享智慧的重要渠道，共同营造了一个充满生机与活力的校园文化生态。

3. 丰富多彩的第二课堂

大学的文体活动、社会实践与心理咨询等多元化活动，作为课堂教育的有益补充与延伸，构成了丰富多彩的"第二课堂"，为学生搭建起理论与实践相结合的桥梁，为他们踏入社会奠定了坚实的基础。参与这些活动，不仅能够极大地拓宽学生的视野，而且能有效提升其综合素质与能力。

因此，我们应积极倡导并持续激励学生投身于各类实践活动中，使之成为他们成长道路上不可或缺的一部分。在此过程中，尤为重要的是，要将积极向上的价值观与人文精神深植于学生心中，特别是强化以爱国主义为核心的民族精神和以改革创新为核心的时代精神，让学生在参与中深刻感悟这些精神内涵，从而在潜移默化中提升其思想道德水平。

总之，教师应将第二课堂打造成为爱国情感、民族自豪感、创新思维与团队协作能力的孵化器，让学生不仅能在活动中获得实际生活的深刻体验与感悟，而且能有效提升他们适应复杂多变社会环境的能力。这样的教育模式，不仅仅关注学生的知识积累，更注重其全面发展与个性成长，为培养未来社会的栋梁之材奠定坚实的基础。

4．科学合理的校园制度

制度是维护校园秩序、保障教育任务顺利完成的根本，它不仅仅承载着硬性规范的功能，更是促进道德教育、塑造良好校风的关键要素。一个科学合理的校园制度，应当能够凝聚师生共识，激发共同维护的意愿，成为连接师生情感与责任的纽带。

在制定校园制度时，我们需深刻把握学生身心发展的内在规律，秉持公正与自由的核心理念，使每一项规定都能既体现管理的严谨性，又不失人文关怀的温度。这要求我们广泛听取并尊重师生的意见与建议，将民主参与贯穿于制度设计的全过程，使制度更加贴近师生实际需求，更具可操作性和可接受性。

同时，制度的执行应坚持公开透明、奖惩分明的原则，既要实现违规行为得到应有的惩戒，又要对正面行为进行及时的表彰与激励，以此激发师生的正向行为动力，促进其自我约束与自我管理能力的提升。

最终，通过这一系列努力，我们旨在构建一个既科学又人性化的校园制度体系，不仅仅能够有效规范师生行为，提升学校治理的科学化水平，更能在潜移默化中强化师生的道德意识与责任感，共同营造一个和谐、有序、充满活力的校园环境。

（五）传递核心价值观，应对多元化价值冲击

1．向大学生宣传正能量，坚定"四个自信"

在学校教育的广阔舞台上，核心价值观教育无疑占据着举足轻重的地

位。我们必须坚定不移地将之置于教育体系的核心，使得教育方向与党和国家的大政方针紧密相连，持续深化"四个自信"的教育实践。在经济全球化与信息化浪潮下，面临西方思想文化加速渗透的新挑战，我们更应时刻保持高度的警惕与清醒的头脑。

在这一背景下，抵制"价值观教育中立论"等一切试图削弱或模糊我国核心价值观的错误思潮，显得尤为迫切与重要。我们必须明确，教育绝非中立之地，而是塑造国家未来、传承民族文化与价值观的关键场域。因此，强化社会主义核心价值观教育体系，使之在学生心中生根发芽，成为他们成长道路上的精神灯塔，是我们不可推卸的责任与使命。

为实现这一目标，我们需在教学内容、方法、评价等多个环节全面融入核心价值观教育，让其在学生日常学习与生活中无处不在、无时不有。同时，加强师资队伍的培训与建设，使每位教师都能成为核心价值观的坚定信仰者与传播者。此外，还应充分利用现代信息技术手段，创新教育方式，拓宽教育渠道，使核心价值观教育更加生动、鲜活、接地气，真正走进学生的心灵深处。

2. 建立有中国特色的社会主义教育体系，拓展高职院校思想政治教育的培养目标

在我国社会主义制度的大背景下，高职院校的思想政治教育承载着培育时代新人的重要使命，其核心在于坚持社会主义的价值导向，促进学生个人全面发展与社会进步的高度融合。为实现这一目标，高职院校需明确思想政治教育的工作目标，即引导学生将个人成长融入国家发展大局，成为政治上可靠、思想上坚定的社会主义建设者和接班人。

在具体实践中，我们应紧扣时代脉搏，充分发挥马克思主义的引领作用，既要深入挖掘经典马克思主义的理论精髓，又要紧密结合习近平新时代中国特色社会主义思想，赋予其新的时代内涵。通过系统学习与实践引导，使学

生深刻理解自身在社会主义现代化建设中的历史使命，激发他们的责任感、使命感与担当精神，树立他们作为社会主义接班人的荣誉感与自豪感。

坚持正确的思想政治教育方向，就是要高举社会主义伟大旗帜，具体涵盖四大方面：一是强化马克思主义在思想政治教育中的指导地位，确保教育的正确航向；二是将实现中华民族伟大复兴的中国梦作为共同理想，融入教育教学全过程；三是大力弘扬爱国主义精神与创新创造精神，激发学生的家国情怀与创新能力；四是广泛传播社会主义核心价值观，培育学生正确的世界观、人生观、价值观。

同时，我们应认识到思想政治教育触及学生心灵深处的重要性，它不仅仅是道德品质的塑造，更是精神世界的升华。因此，在教育实践中，我们必须摒弃重技能轻思想的偏见，全面审视并优化通识教育体系，吸收成功经验，反思不足之处，构建符合我国国情、体现时代特征的思想政治教育新机制。这一机制应精准把握教育规律，提升教育实效，为学生成长成才提供坚实的思想保障。

3. 将社会主义核心价值观教育融入学生学习生活，不断创新方法

新时代赋予高职院校新使命，高职院校肩负着培养高素质技术技能型人才的任务。2023年9月，习近平总书记在黑龙江考察调研期间首次提出"新质生产力"[①]。新质生产力作为先进生产力的具体体现形式，是马克思主义生产力理论的中国创新和实践，是科技创新交叉融合突破所产生的根本性成果。从劳动者视角来看，加快发展新质生产力，迫切需要大批拔尖创新人才，同时也需要服务新型工业化道路的工程技术技能型人才和大国工匠、能工巧匠，而这正是与经济社会发展联系最紧密、与就业和民生关系最直接的职业教育重要使命，这要求高职学生不仅仅要具备高超的技术，更要有成长为"大国工匠"的良好思想道德素质。培育和践行社会主义核心价值观是提升高职学生思想道德素质的重要抓手，既是一项塑造灵魂的

---

① 习近平主持召开新时代推动东北全面振兴座谈会强调 牢牢把握东北的重要使命 奋力谱写东北全面振兴新篇章[N]. 人民日报, 2023-09-10.

伟大工程，又是一项凝聚人心的深远事业，应秉持循序渐进、勇于探索的原则，不断完善机制建设，以科学规划为引领，扎实推进，使每一个环节都紧密衔接，实现知行合一的深刻转变。

在这一过程中，高职院校需始终紧扣"立德树人"这一核心使命，将社会主义核心价值观的培育与践行作为教育教学工作的主线，贯穿于课程设置、教学活动、校园文化等各个方面。通过理论讲授、舆论引导、文化熏陶、实践锻炼、制度保障等多维度策略，使社会主义核心价值观成为师生共同的精神追求，并逐渐内化为个人的价值理念，外化为自觉的行为习惯。

为了增强教育的吸引力和实效性，高职院校应积极创新教学方法，如引入微党课、学生讲党课等新颖形式，鼓励学生主动参与，让社会主义核心价值观的学习过程更加生动有趣。同时，充分利用互联网平台的优势，开发一系列高质量的网络课程，打破时空限制，让学生随时随地都能使用优质的教育资源，使社会主义核心价值观的传播更加广泛深入。

此外，还应注重实践育人的重要作用，通过组织丰富多彩的社会实践活动，让学生在亲身参与中感受社会主义核心价值观的现实力量，从而更加坚定信仰、明确方向。通过这一系列综合措施的实施，我们有信心将社会主义核心价值观深深植根于每一位师生的心中，共同推动高职院校成为培育和践行社会主义核心价值观的重要阵地。

第三节　学生职前教育

一、毕业季学生特点

（一）情绪不稳定，思想趋于成熟

临近毕业之际，学生们对经济和社会政治的时事热点展现出浓厚的兴趣，愈发能够将个人经历与社会现象联系起来，并将职业生涯的选择与社会需求相对接。面对个人成长的关键议题，如升学、入党、恋爱及职业规划等，他们特别渴望达成满意的结果。然而，当事情进展不顺时，部分高职学生可能会感到沮丧或迷茫，情绪波动显著；一些学生甚至会因此抱怨社会和他人，这种情绪有时还会激化同学间的矛盾，极端情况下甚至可能导致意外事件的发生。但经过大学数年的实践与锻炼，毕业生的自我意识明显增强，他们对周围世界拥有更成熟的见解，这是与入学时相比的巨大转变。面对即将离校，不少学生难免会感到焦虑和不安，对未来感到茫然。

（二）学生外出实习，管理难度增大

随着实习和就业的需要，大多数学生选择离开校园，自行租房居住。这种住房的地理分散性，无疑增加了学校在学生管理上的挑战。为此，学校必须根据学生的具体情况，采用多样化的方法和策略，保证毕业生的安全，并保障他们在一个良好的精神状态下顺利完成学业。同时，学校应积极引导学生文明、安全地完成学业并顺利离校。

（三）就业压力大，学生感到迷茫

随着生活质量的提升，高职学生的视野日益开阔，他们的综合素质也在持续提高，面对就业和个人发展的抉择时，学生们会更全面地考虑问题。但由于学历受限，他们往往表现出更加焦虑的状态。此外，在社会快速变化和职业选择多样化的背景下，部分高职学生在面对增多的职业"诱惑"时，仍会感到恐惧与迷茫。

二、毕业季育人的对策

（一）理想信念教育隐性化

理想信念教育应根据理想信念的形成规律和学生的成长特征进行。教师需使用生动、贴近学生生活的语言，使理想信念教育内容易于理解且令人信服。通过这种方式，将理想信念资源转化为学生的思想共识、精神支柱和实际行动的智慧，实现从感性认知到理性认同，最终达到内心深处的坚定信仰和自觉实践。同时，面对多元化的社会思潮和文化观念所带来的新挑战，教育者需精准把握大学生的心理特点和思想动态，敏感地捕捉到他们关注的政治、经济、文化、社会及生态文明等领域的热点议题，深入分析其背景和阶段性特点，汇聚正面能量。此外，教师应重视互动体验和隐性教育，充分利用丰富的教育资源，开发案例教学法，科学选取和设计教学案例及环节，以增强理想信念教育的实效性和针对性。

（二）就业指导与思想教育结合

随着社会的快速发展，学生面临的就业环境变得更为复杂。为此，学校需承担起指导学生正确理解社会需求和职场形势的重要任务，强化就业指导课程的组织和实施。此外，学校应将学生在求职过程中可能遇到的主要问题纳入日常的思想政治教育中，帮助学生做好充分的心理准备。思想政治教育不仅能增强学生的心理承受能力和应变能力，而且为就业指导工作的顺利进行创造条件。实践已经证明，就业指导与思想政治教育相辅相成，互为促进。其中，思想政治教育是就业指导的核心内容，就业指导指明了思想政治教育的方向，两者必须紧密结合。

1．结合大众教育与差异教育

虽然大众教育可以解决大多数学生普遍面临的问题，但考虑到每位学生的个性化需求，教育实施还需采取差异化方法，以因材施教的原则进行个性化引导。

2．融合专题教育与常规教育

专题教育考虑社会需求和就业政策，旨在培养学生的职业观念和态度；而常规教育则通过课堂与实践活动，提升学生的综合素质和能力。通过将两者结合，可以有效提高高职学生的就业竞争力。

3. 实践教育与榜样教育相结合

通过实践教育让学生发现自身优势与不足，同时借助榜样教育，使用生活中的优秀案例引导学生的思想和道德发展，从而增强教育的感染力和说服力。

4. 家庭、学校、社会教育的综合运用

家庭是学生成长的第一环境，而学校和社会则分别是学生学习和实践的舞台。通过加强家庭、学校与社会的联动，共同为学生的全面发展提供支持，可以帮助学生更好地面对未来的挑战。

（三）多种形式的职业道德教育

职业道德教育应采取多样化和寓教于乐的方法，以吸引更多学生的参与和兴趣。例如，通过举办专门的道德讲堂，围绕职业道德的核心主题展开，可以有效引导学生深入理解职业行为的道德标准。

（四）充分利用网络进行心理健康教育

随着网络技术的深入影响，高职学生的心理和行为日益受到其影响，网络已成为学生生活和学习不可或缺的一部分。因此，高职院校的心理健康教育工作也必须与时俱进，积极利用网络工具来开展心理健康教育。首先，教育工作者需要深入了解网络传播的特点和规律，掌握如何设计和制作符合学生需求的心理健康教育内容。其次，教育工作者应教导学生识别并抵制不良信息，引导他们接收正面和健康的信息，从而更好地满足他们的心理健康需求，促进他们心理的健康发展，并帮助其形成正确的就业观念。例如，在学生毕业前，可通过网络平台进行心理状况普查，及时了解和调整学生的心理状态；通过微信公众号推送应对就业压力的策略，积极帮助学生缓解压力；利用QQ群等即时通讯工具，及时了解和疏导学生的心理问题。互联网的广泛应用不仅极大丰富了学生获取信息的途径，而且对高职院校心理健康教育工作者提出了更高的专业要求。

(五)利用毕业生离校活动开展人文关怀教育

毕业生在面临诸多现实问题时,如租房、适应新工作环境以及完成毕业论文和设计等,难免会经历心理波动。这为高职院校教育工作者提出了特别的挑战:如何在复杂的环境中有效进行离校思想教育。

第一,高职院校的教育工作者应当更加关心和关怀毕业生,缩短与学生的情感距离,使毕业生真切感受到教师的关心,如记住每位毕业生的名字、工作城市及单位等,可以加深师生之间的情感连接,促进更深入的交流和沟通。

第二,教育工作者应采用多种方式来维系与毕业生的联系,如电话回访、座谈会、个别谈心、实地走访和问卷调查等,深入了解他们的就业状况、生活、学习和思想状态,及时发现问题并解决。对于无法立即解决的问题,应迅速向上级报告,寻求有效的解决方案。

第三,高职院校应组织多样化的毕业离校活动,以增进师生间的情感联系。例如,举办毕业欢送晚会,融入感恩和关爱元素,让毕业生感受到学校的关怀;实施食堂送温暖活动,赠送学校食堂餐票,让毕业生记住校园的味道;开展遵守校规校纪的主题活动,增强学生的法律意识;组织"学长学姐对你说"录像活动,促进毕业生与在校生的情感交流;开展就业指导讲座和还款知识培训,帮助解决毕业生的实际问题。

这些综合性情感教育措施的开展,不仅为毕业生留下宝贵的大学回忆,而且为在校生树立了积极的榜样,有助于他们在未来的职场生涯中学会感恩与诚信,培养健全的人格。情感教育,是对传统学科知识教育的重要补充,关键在于通过情感的桥梁,深化思想政治教育的影响力。

第四节 和谐校园文化建设

一、和谐校园文化的内涵

和谐校园文化是在汲取古今中外文化精华的基础上,响应中共中央关于构建社会主义和谐社会的战略决策而形成的。这种文化强调民主法治、公平正义、诚信友爱、活力、稳定秩序以及人与自然的和谐共处。通过一系列有效的措施，这种文化致力于实现办学理念、教学科研环境、教学管理体制、校园文化氛围及人才素质结构之间的和谐统一。

构建社会主义和谐校园文化对于培养具有高尚道德素质和理想信念的学生相当重要，这不仅有助于树立正确的价值观，而且能优化育人环境，激发校园活力，加强师生间的团结与合作，共同推进教育事业。此外，这种文化环境有利于整合教学资源，促进师生之间的相互学习与成长，帮助学生全面发展，使其成为具有中国特色社会主义事业的合格建设者和可靠接班人。

在一个尊重、理解和关心每一个成员的和谐校园环境中，教师和学生可以更好地发挥各自的智慧和创造力，为高职院校在知识创新与科技创新领域的发展贡献力量，同时也为人才培养、科学研究、社会服务和文化传承等任务提供强有力的支持。这种环境不仅促进了个体的成长和发展，而且有助于形成一个团结协作、充满活力的教育集体，共同推动高等教育的进步与创新。

二、和谐校园文化的特征

（一）以人为本的教育理念

高职院校是集结众多知识分子和青年学生的重要场所，这里的师生不仅拥有丰富的知识积累，而且具备创新精神和思考能力，是推动院校发展的核心力量。因此，高职院校在贯彻以人为本的科学发展观时，应深入理解并尊重这一校园特质，真正实现尊重、关心、理解、爱护和激励师生，为他们的才能发挥和潜力释放创造宽松有效的环境，营造积极的氛围。

具体来说，院校应致力于解决师生员工的实际问题，为他们提供切实的支持和帮助。对于肩负教书育人重任的教师，尤其是那些身处中老年阶段、处于亚健康状态且承担着家庭与职业双重压力的教师，学校更应关注他们的身心健康，认真解决他们面临的困境。

以人为本还意味着要重视过去可能被忽略的问题，始终以促进师生的全面发展为工作核心。对学生而言，学校应当像对待自己的子女一样关爱他们，及时了解并响应学生的实际需求，积极开展理想信念教育、爱国主义教育、公民道德教育和健康教育。此外，学校应密切关注学生的思想、心理、学习、生活及身体状况，保护学生的权益，及时处理可能侵害学生权益的事件，帮助学生健康成长，快速成才。通过这些措施，高职院校不仅能够为师生创造一个和谐发展的环境，还能够有效激发他们的潜能，为社会培养更多优秀的人才。

（二）公平、公正的制度环境

学校作为服务型机构，其运营的核心依赖于严格而公正的规章制度，这是教育教学质量达到国家标准的关键保障。高职院校以培养高素质人才为己任，通过积极开展高水平的教学、科研和社会服务活动，致力于提升教育质量。

在这一过程中，为了最大限度地发挥教师潜能，学校必须建立一个公平、公正的制度环境。这包括对教师年度考核和课程建设的评估，制定严谨而有效的评价体系和标准，避免评价标准的过度灵活性，从而保证评价的公正性。

每位教师都有其独特的才能和风格，学校应当充分认可和尊重这些个体差异，实施"用人所长，容人所短"的管理哲学。这不仅可以让教师在其擅长的领域内发挥更大的作用，而且有助于营造一个和谐、尊重的工作环境。

值得强调的是，教学的第一线应聚集最优秀的教师群体。通过吸引和激励这些杰出教师积极投身教学工作，不仅可以确保教学质量，而且能推动学校的持续发展和创新。这种聚焦于优质教学和尊重教师专业成就的文化，是高职院校迈向卓越的重要步骤。

三、和谐校园文化建设的途径

（一）完善各项制度措施，增强大学校园文化的凝聚力和创新力

随着高等教育和职业教育步入快速发展轨道，高职院校内部的行政管理体系也随之经历了显著的增长，其结构也由简单的几个部门演变为庞大的工作系统，伴随着专门的管理活动的出现。这种复杂化不仅增加了大学内部活动的组织量，而且加强了不同活动领域间的协作与依赖，因此，制度化成为大学发展的必然选择。制度建设、机制创新与体制优化是推动现代大学制度发展的关键。

具体来说，制度的完善应专注于以下几个核心领域：

1．法治与民主基础

大学的制度建设应基于法治与民主的原则，这是营造宽松和谐学术环境、发扬批判和独立学术精神、鼓励创新研究的前提。大学治理应透明化，使得所有管理活动都在法律与民主决策的框架内进行。

2．行政职能的转变

在大学行政职能的转变上，应强调精神价值而非物质价值，全员参与而非层级管理。特别是增强教授治学的权力和提高教师在学术事务中的参与度，使得学术自由和独立性超越行政控制。

3．竞争与评价机制

建立一套科学、合理、透明和严格的竞争遴选体系以及以投资效益为核心的绩效考核和评价机制，是活跃学术环境、激发内部动力的关键。这样的体系能够确保资源的有效配置，并公正地奖励杰出的学术与教学表现。

4．学科发展与管理改革

考虑到学科高度交叉与融合是当前全球学术发展的趋势，改革现有的学科和科研管理模式十分重要。因此，应不断提升学科管理水平，以适应

现代学科的发展需求,促进学科间的交叉与科技创新。

完善的制度框架是大学校园文化稳定与发展的基础。正如一座花园需要园艺师精心维护,大学校园的文化也需要依托恰当的制度保护才能生长。通过这样的制度完善,大学校园文化的凝聚力和创新力将得到极大增强。

(二)加强各级组织领导,形成大学校园文化建设的合力机制和共谋策略

在大学校园文化建设中,不仅需要内部合力,而且需考虑与外部环境的协调和利用,实现内外兼修的发展策略。大学校园文化的建设不是孤立进行的,而是需要与政府、社会等多方面力量共同策划和推动的。

大学校园文化建设应与外部环境相适应,同时利用这些外部环境促进其内部文化的发展。这种策略的实施是多方面、多层次、多角度的,涉及大学自身的努力、大学与政府的互动以及大学与社会的合作。

政府可以通过以下几种方式积极参与和支持大学校园文化的建设:

1. 政策支持

政府可以制定和实施有利于校园文化建设的政策,引导高职院校在文化建设方面采取积极行动。

2. 经济激励

通过教育拨款、资助、投资、奖励和招标等方式,政府可以为校园文化建设提供必要的经济支持,通过财政倾斜激励大学加大在文化建设上的投入。

3. 信息服务

政府可以提供必要的信息服务,支持大学在决策过程中更好地了解市场和社会需求,从而做出更符合时代要求的文化建设决策。

4. 监督与评价

通过定期的检查、鉴定和评估活动,政府可以监督大学的文化建设进程,使各项措施得到有效执行。

通过上述方式，政府与大学之间可以形成良好的互动关系，共同推动校园文化的繁荣发展。只有通过多方合作和资源整合，大学才能在校园文化建设上取得显著成效，进而促进学术研究和人才培养的质量，为社会作出更大的贡献。

（三）积极开展校园文化创新，提高文化实力，促进和谐校园文化建设的大发展

构建校园文化是一项复杂而系统的工程，其核心在于创新和合作的有效融合。校园文化创新的实施可以从三个关键方面推进：

1．培养创新理念的大学精神

培养创新理念的大学精神是校园文化创新的核心。高职院校应深化校风、学风、教风的建设，高度重视学术探索和真理追求，培育出一种既尊重传统又敢于创新的校园精神。

2．营造具有创新氛围的校园文化环境

为了加强学校的自主创新能力并构建高水平的创新型大学，创造一个包括制度环境、学术环境、人文环境和社会环境在内的全面创新环境至关重要。这种环境将为师生提供必要的支持，促进知识的自由流动和创意的持续产生。

3．开展具有创新性的校园文化活动

校园文化活动是推动文化建设的动力源，活跃的校园文化活动可以有效地培养校园精神，并激活整个校园文化环境。通过设计和实施一系列丰富多彩的文化活动，高职院校可以为学生和教师提供一个展示和实践创新思维的平台。

特别需要强调的是，对于实行多校区办学的高职院校，文化创新显得尤为重要。面对多元文化的融合及其带来的潜在矛盾与冲突，高职院校需

要进行及时的文化和制度改革,以适应新的教育形势,确保"一个大学"的整体文化理念深植人心。在多校区的办学实践中,坚持文化继承与创新的结合是维护大学校园文化灵魂的关键策略。这种策略不仅强化了大学的文化内涵,而且体现了教育质量和学术活力的持续发展。

(四)结合学校历史传统,体现时代要求,培育良好的校风、学风和教风

校风、学风和教风是衡量一所大学教育质量和精神风貌的关键指标。校风作为一所学校的核心理念和精神力量,为整个教育环境奠定了文化基调和道德标准,形成了一种潜在的教育力量和无形的精神支撑。它不仅是师生行为的准则,而且是他们努力拼搏的精神支柱,对学生的成长具有深远的影响。学风反映了学习者的世界观、人生观和价值观,体现在学习态度和方法上,包括明确的学习目标、强烈的学习动力、正确的学习态度和有效的学习方法。教风则是校风的核心和师德的具体表现,它塑造学风,直接影响校风的形成。

从理论上看,教风和学风的质量直接决定了校风的优劣,其中教风是最关键的因素。因此,强化教风建设是提升学风和校风、办好大学、为社会培养高质量人才的重要任务。在高职院校的改革和发展阶段,"三风"的建设必须融合学校的历史传统和办学特色,同时反映时代要求和社会进步,以实现其良性互动并获得社会的广泛认可。

现代教育应本着"以人为本"的原则,将学生视为教学活动的中心,让学生在教学过程中体现出主动性和积极性。这要求重构和完善教育教学体系,使教学活动更加多元和综合,让学生的学习过程更自主高效。教师不仅需要传授科学知识和方法,而且应培养学生的哲学思维,激发他们的求知欲和好奇心。通过师生之间的互动和沟通,激发学生的创新精神和学习热情,使他们成为知识的接收者、探索者和创造者。这样的教学环境不仅促进学生的知识成长,而且有助于培养他们成为社会需要的全面发展的人才。

（五）以先进文化为导向，全面推进"博雅工程"，不断丰富校园文化生活

大学不仅仅是知识的殿堂，更是培养高素质人才、陶冶情操的重要场所。在当代中国，大学以社会主义先进文化建设为导向，积极推动学术、科技、艺术等"博雅工程"系列活动，这些活动不仅帮助学生构建全面的知识体系，而且丰富了校园精神生活，提升了学生的审美能力和思想境界，激发了他们积极向上的精神风貌。

校园文化活动的多样化是培养全面发展人才的关键途径。各学院应依据自身特色，每年组织丰富多彩的科技文化艺术节，通过高雅而多样的活动，鼓励广大师生积极参与，展示才能，共同营造一个多层次、多样化、系列化的校园文化氛围。

同时，大学应根据学生兴趣，推动健康向上的学生社团组织的发展，如大学生舞蹈社、演讲与口才协会、体操队、武术队、书法协会、电子商务协会等，通过这些社团活动，加强爱国主义教育，激发师生的学习和工作热情。每年新生入学时，学校应开展以荣誉传统和优良校风为主题的入学教育，并对新教师实施严格、系统的岗前培训，以此深化"三全育人"战略，促进良好学风、教风和班风的形成。这种教育应从学生入校之日起和新教师授课之初开始，旨在培育学生和教师的爱国情感。

此外，学校应利用传统节日组织主题鲜明的纪念活动，发挥党政组织、工会、共青团、学生会等的作用，开展富有教育意义的活动。这样的持续性思想文化教育活动，能极大地丰富师生的精神文化生活，有效提升他们的创新意识和思想修养。

第六章

高职院校「三全育人」系统化探索

第六章 高职院校"三全育人"系统化探索

2017 年,为进一步贯彻落实全国高校思想政治工作会议和中共中央、国务院印发的《关于加强和改进新形势下高校思想政治工作的意见》精神,大力提升高校思想政治工作质量,教育部党组制定了《高校思想政治工作质量提升工程实施纲要》,首次提出"十大育人"体系,文件中讲到要充分发挥课程、科研、实践、文化、网络、心理、管理、服务、资助、组织等方面工作的育人功能,挖掘育人要素,完善育人机制,优化评价激励,强化实施保障,切实构建"十大"育人体系。

第一节 课程育人路径探索

一、课程育人的重点

课程育人中的课程包括思政课和其他各类课,其育人体系重点包括办好思政课程,搞好课程思政。

(一)办好思政课程

正是因为思政课承担着立德树人、价值观塑造的重要政治任务,所以它不是一般的、可有可无的课程。2019 年 3 月 18 日,习近平总书记主持召开学校思想政治理论课教师座谈会,强调"思政课是落实立德树人根本任务的关键课程"[1]"办好思想政治理论课关键在教师,关键在发挥教师的积极性、主动性、创造性",并对思政课教师和思想政治理论课分别提出了"六要"和"八个相统一"的要求[2]。因此,思政课在课程的时间、师资、教学资源等配置上要优先予以保障,切实发挥好思政课培育时代新人主渠道的作用。

---

[1] 习近平. 思政课是落实立德树人根本任务的关键课程[J]. 求是,2020(17):3.
[2] 李鹏. 坚持"八个相统一"理直气壮开好思政课[EB/OL].(2019-04-08). http://www.qstheory.cn/zhuanqu/bkjx/2019-04/08/c_1124340093.htm.

推动思政课改革创新,应在实践中贯彻落实好习近平总书记所提出的建设思政课的"八个相统一"要求,即坚持政治性和学理性相统一、坚持价值性和知识性相统一、坚持建设性和批判性相统一、坚持理论性和实践性相统一、坚持统一性和多样性相统一、坚持主导性和主体性相统一、坚持灌输性和启发性相统一、坚持显性教育和隐性教育相统一,不断增强它的思想性、理论性、亲和力和针对性;深入推动习近平新时代中国特色社会主义思想进教材、进课堂、进头脑;完善课程设置管理、课程标准和教案评价制度;实施高职院校课程体系和教育教学创新计划,推动面向全体学生开设提高思想品德、人文素养、认知能力的哲学社会科学课程,创新高职院校思想政治理论课建设体系。

(二)搞好课程思政

课程思政建设就是要寓价值观引导于知识传授和能力培养之中,帮助学生塑造正确的世界观、人生观、价值观。课程思政育人强调所有的课程都有立德树人的价值观教育责任,应发挥出其特有的育人价值;同时,所有教师都负有育人的职责,需引导广大青年学生坚定对马克思主义的信仰,坚定对共产主义和中国特色社会主义的价值认同,自觉将社会主义先进文化思想内化,成为新时代的建设者和接班人。

课程思政的思想政治教育元素,包括思想政治教育的理论知识、价值理念及精神追求等,潜移默化地对学生的思想意识、行为举止产生影响,润物细无声地产生育人作用。

课程思政坚持个人价值与社会价值相统一的原则,在个人价值上强调知行合一、德才兼备、以德为先;在社会价值上,重点强调政治认同与文化传承,强调个人之德与社会之德的统一。课程思政寓德于课,将思想政治教育融入其他课程中,不管是具体的思想政治教育还是宏观的教育,最终目的都是育人。

二、课程育人的手段

（一）推动思政课改革创新

高职院校应充分发挥思政课的重要作用，落实立德树人根本任务，全面推动习近平新时代中国特色社会主义思想进教材、进课堂、进学生头脑，建设一支专职为主、专兼结合、数量充足、素质优良的思政课教师队伍，培育一批优质教学资源，打造一大批内容准确、思想深刻、形式活泼的优质示范课堂。教师可以在思政课上引导学生深化对马克思主义历史必然性、科学真理性、理论意义和现实意义的认识，坚定对马克思主义的信仰，坚定对社会主义和共产主义的信念，坚定对实现中华民族伟大复兴中国梦的信心，形成正确的世界观、人生观、价值观，增强中国特色社会主义道路自信、理论自信、制度自信、文化自信，不断提升大学生对思政课的获得感，使其成为德、智、体、美、劳全面发展的社会主义建设者和接班人。

为达成以上目标，高职院校需在坚定理想信念、厚植爱国主义情怀、加强品德修养、增长知识见识、培养奋斗精神、增强综合素质六个维度下功夫。具体而言，要把建设一支高素质的思政课教师队伍作为关键，以高水准教材为遵循，以高水平教学资源为支撑，以高质量示范课堂为抓手，以高效率工作机制为保障，以高标准教学质量为目标，深入推进思政课思路创优、师资创优、教材创优、教法创优、机制创优、环境创优，进一步完善顶层设计、优化工作格局、加大精准施策力度，展现新时代高职院校思政课新作为，拓展大思政育人新格局，全面提升思政课质量和水平。

构建大中小学一体化思政课课程体系时，需依据学生成长规律，结合不同年龄段学生的认知特点，对大中小学思政课课程目标进行一体化设计，构建协同联动的课程内容，完善一体化教材建设机制，构建立体化教材体系。值得注意的是，高职院校学生作为高校大学生的一部分，既具备与本科院校学生的相似性，又存在特殊性。因此，要注重高职院校学生在思政课中的学习特征，在大中小一体化思政课课程体系设计中，充分考虑到学生的职业性、专业性、实践性。

1. 思政课程建设

落实立德树人根本任务，必须将价值塑造、知识传授和能力培养三者融为一体、不可割裂。全面推进课程思政建设，就是要寓价值观于知识传授和能力培养之中，帮助学生塑造正确的世界观、人生观、价值观，这是人才培养的应有之义。要紧紧抓住教师队伍"主力军"、课程建设"主战场"、课堂教学"主渠道"，让所有高职院校、所有教师、所有课程都承担好育人责任，守好一段渠、种好责任田，使各类课程与思政课程同向同行，将显性教育和隐性教育相统一，形成协同效应，构建全员全过程全方位育人大格局。

高职院校人才培养是育人和育才相统一的过程。建设高水平人才培养体系，必须将思想政治工作体系贯穿其中，必须抓好课程思政建设，解决好专业教育和思政教育"两张皮"的问题。首先，高职院校要牢固确立人才培养的中心地位，围绕构建高水平人才培养体系，不断完善课程思政工作体系、教学体系和内容体系。其次，高职院校教育工作者要直接抓人才培养工作，统筹好各学科专业、各类课程的课程思政建设。再者，高职院校要紧紧围绕国家和区域发展需求，结合学校发展定位和人才培养目标，构建全面覆盖、类型丰富、层次递进、相互支撑的课程思政体系。最后，教师要切实把教育教学作为最基础最根本的工作，深入挖掘各类课程和教学方式中蕴含的思想政治教育资源，让学生通过学习掌握事物发展规律，通晓天下道理，丰富学识，增长见识，塑造品格，努力成为德、智、体、美、劳全面发展的社会主义建设者和接班人。

2. 思政课程与各类课程协同育人

思政课程与课程思政在本质上都是发挥思想政治教育功能，无论是思政课程中的思想政治理论内容，还是其他课程中的思想政治教育元素，都是思想政治教育内容体系的重要组成部分,二者具有内在的契合性。对于高校思政课而言,要推动其高质量发展需以"两个结合"为抓手,把马克思主义基本原理同中国具体实际相结合,同中华优秀传统文化相结合,用中国声音讲好中国故事,用中国故事讲清新时代思政理论,用新时代思政理论夯实学生理想信念,推动思政课程内容在改进中不断充实。对于其他课程中的思想政治教育元素而言,挖掘它们就是要充分认识各专业课程都是一座思政价值元素宝藏,将人、物和事件背后蕴含的宝贵精神财富显性化,用新时代大学生易于接受的形式予以呈现,在知识传播中凝聚思政价值。将二者协同就是要注重教育的内在整合和完整性,实现育人的整体效应。

(二)推动以"课程思政"为目标的课堂教学改革

大力推动以"课程思政"为目标的课堂教学改革,要优化课程设置,修订专业教材,完善教学设计,加强教学管理,梳理各门专业课程所蕴含的思想政治教育元素及其所承载的思想政治教育功能,将其融入课堂教学各环节,实现思想政治教育与知识体系教育的有机统一;发挥专业教师课程育人的主体作用,健全课程育人管理、运行体制,将课程育人作为教师思想政治工作的重要环节,作为教学督导和教师绩效考核的重要方面;加强教材使用和课堂教学管理,建立哲学社会科学专业核心课程教材目录,研制引进教材选用管理办法,建立国家优秀教材评选奖励制度,制定高职院校课堂教学管理指导意见,明确课堂教学的纪律要求;培育一批"学科育人示范课程",建立一批"课程思政研究中心"。

1. 科学设计课程思政教学体系

要有针对性地修订人才培养方案,切实落实高等职业学校专业教学标准、本科专业类教学质量国家标准和一级学科、专业学位类别(领域)博士硕士学位基本要求,构建科学合理的课程思政教学体系。要坚持以学生为中心的产出导向，不断提升学生的课程学习体验、学习效果，坚决防止"贴标签""两张皮"。在公共基础课程、专业教育课程、实践类课程中，深入梳理教学内容，结合不同课程特点、思维方法和价值理念，深入挖掘课程思政元素，有机融入课程教学，达到润物无声的育人效果。

将课程思政作为课程设置、教学大纲核准和教案评价的重要内容，落实到课程目标设计、教学大纲修订、教材编审选用、教案课件编写各方面，贯穿课堂授课、教学研讨、实验实训、作业论文各环节。健全高职院校课堂教学管理体系，改进课堂教学过程管理，提高课程思政内涵融入课堂教学的水平。要综合运用第一课堂和第二课堂，组织开展贴近大学生专业的社会实践、志愿服务、实习实训活动，不断拓展课程思政建设方法和途径。

2. 课程思政建设的关键

提升教师课程思政建设的意识和能力，全面推进课程思政建设，教师是关键。第一，要推动广大教师进一步强化育人意识，找准育人角度，提升育人能力，确保课程思政建设落地落实、见功见效。第二，要加强教师课程思政能力建设，建立健全优质资源共享机制，支持各地各高职院校搭建课程思政建设交流平台，分区域、分学科专业领域开展经常性的典型经验交流、现场教学观摩、教师教学培训等活动，充分利用现代信息技术手段，促进优质资源在各区域、层次、类型的高职院校间共享共用。第三，依托高职院校教师网络培训中心、教师教学发展中心等，深入开展马克思主义政治经济学、马克思主义新闻观、中国特色社会主义法治理论、法律职业伦理、工程伦理、医学人文教育等专题培训。第四，支持高职院校将课程思政纳入教师岗前培训、在岗培训和师德师风、教学能力专题培训等。同时要充分发挥教研室、教学团队、课程组等基层教学组织作用，建立课程思政集体教研制度。鼓励支持思政课教师与专业课教师合作教学教研，鼓励支持院士、国家级教学名师等带头开展课程思政建设。

（三）显隐结合协同育人

1. 各类课程守好一段渠、种好一块田，因课施策打造育人特色

（1）开展公共基础课，提高大学生意识

公共基础课旨在提高大学生思想道德修养、人文素质、科学精神、法治意识、国家安全意识和认知能力，对于帮助大学生坚定理想信念、厚植爱国主义情怀、加强品德修养、增长知识见识、培养奋斗精神、提升综合素质有重要作用。要结合对学情、课程、教学背景的把握，实施课程二次开发，形成公共基础课程的思政知识图谱、教学大纲、教学教案和课程材料。

（2）打造育人特色，提升育人效能

思想政治教育元素融入专业课程要符合专业特色和学科实际，也就是基于课程的专业教学体系和知识体系，在维护课程学科价值体系的前提下开展。安排好思政元素的存在方式、体量，使其融入自然，不说教，不求多，只求精。比如故事导入，故事本身应出自知识点背后的研究历史，自然而然地达成专业知识与思政主题的连接；再如话题引入，应以专业的"八卦"为切入点，引导学生从专业热门话题向思政元素探寻，基于专业视角对其产生的原因和影响进行思考。情境预设导入、问题创设、比较导入等都应紧密地联系本学科的知识体系和历史背景。

（3）优化教学方法，提升育人效能

要求各科教师要根据不同学科专业的特色和优势，深入研究不同专业的教学方法，进而提升学生对课程中思政元素的认知与把握，以及提高基于专业角度对思政元素的运用能力。教师要根据不同学科的专业特点和育人目标，明确文史哲类、经管法类、教育学类、理工类、农学类、医学类、艺术类七类专业课程的课程思政建设主要内容，并结合课程的德育目标，在课程内容中寻找与社会主义核心价值观、家国情怀、国际视野、创新思维、专业伦理、学术修养、工匠精神等相关的德育元素"触点"和"融点"，通过典型案例等教学素材的设计运用，以润物无声的方式将正确的价值追求、理想信念和家国情怀有效地传递给学生。

思政课程与课程思政育人将显性教育与隐性教育相结合，构建全课程育人环境。在现实中，思政课因缺少专业和学科的支撑，往往陷入理论性过强、缺乏吸引力、实践性差的困境，而专业课中又普遍存在一种只注重专业知识的培养，忽视价值观引领的现象。在协同育人中，课程思政建设不是课程与思政的简单相加，更不是课程的全面思政化或思政的全面课程化，而是一种各司其职又相互配合的状态，要避免出现思政课程"孤岛化"和思政课程与专业课程教学"两张皮"的现象。课程思政育人追求专业课程与思政课程同向同行、协同育人，这意味着专业课程教学不再仅重视知识传授这一目的，而是推动教学内容的重构，实现知识传授、价值塑造和能力培养的多元统一。

第二节 科研育人路径探索

一、科研育人的重点

（一）科教融合育人

在高职院校中，教学与科研之间的协调一直是教育改革和评价体系改革中的一个挑战。根据不同的人才培养目标，国内高职院校被分为"研究型""教学研究型"和"教学型"。其中，"研究型"大学侧重于培养高层次研究型人才和推动科研创新，而"教学型"和"教学研究型"大学则更加重视本科及硕士教育，并在不同程度上也参与科研活动。目前，不少"教学型"和"教学研究型"大学在追求转型为"研究型"大学的过程中，经常出现科研重于教学的现象，这在一定程度上削弱了教学的重要性。

实际上，教学与科研并不是对立的，而是相辅相成的关系。著名教育家钱伟长在 20 世纪 80 年代就提出，"你不上课，就不是老师；你不搞科研，就不是好老师。教学是必要的要求，而不是充分的要求，充分的要求是科研。"①这说明高质量的科研可以丰富教学内容，提高教学质量，反之教学也能激发科研灵感，促进科研创新。优秀的教学不仅传授知识，而且应该培养学生的独立思考能力和创新精神。

为了实现教学与科研的有机结合，高职院校应当把学生的成长和发展放在首位，强化科研与教学的融合，推动与科研院所的深度合作，加强科研与教学的联系——将高水平的科研资源转化为教育资源，将科研设施用于教学创新，将科研成果融入教学内容。同时，鼓励学生积极参与科研项目，成为教师科研的合作伙伴。

另外，教师和研究人员应定期将最新的科研成果和研究动态引入课堂，开设更多的研究性课程，为学生提供实验、实践的机会，从而培养学生的创新能力和科研兴趣。通过这些措施，不仅可以提升学生的学术水平，而且能增强其解决实际问题的能力，培养未来的创新人才。

（二）产学研协同育人

2022年，新修订的《中华人民共和国职业教育法》(简称为《职业教育法》)明确职业教育是与普通教育具有同等重要地位的教育类型。新修订的《职业教育法》着力提升职业教育认可度，深化产教融合、校企合作，完善职业教育保障制度和措施，是推动职业教育高质量发展的重要抓手。在国家政策的支持下，高职院校致力于推动教育、科研与生产实践的深度融合，以及与社会需求和中国特色社会主义现代化建设的紧密结合。这种努力旨在探索高层次应用型人才的培养新模式，以培育一大批高素质技术技能型人才，满足社会主义建设的需求。

产教融合，作为产业与教育深度合作的体现，已成为高职院校提升人才培养质量的关键策略。通过坚持产业需求导向和教育目标导向的统一，高职院校与行业企业之间的合作被进一步加强，致力于提高学生的综合素

---

① 钱伟长.智力开发和人才培养问题[C]//钱伟长文选（第二卷）.上海：上海大学出版社，2004：230-231.

质和市场适应能力。这要求创新办学模式,将产教融合和协同育人的理念贯穿于人才培养的全过程,推动校内外资源共享、平台共建,并促进不同学科的交叉融合与互动发展。

此外,高职院校需积极拓展与政府、行业、企业的合作,通过多元主体的协作与创新,响应产业需求进行教学内容和课程体系的深化改革。具体措施包括接轨产业前沿,更新教学内容;加强产学研的协同,扩大校企合作的科研溢出效应;联合企业共建专业、实习实训基地和产业学院,以及将企业培训内容和技术咨询成果融入专业教学计划。

同时,高职院校应构建实践教学基地与校外实习实训基地的联动,建立共享型、区域化的产学研合作平台,以促进校企合作育人和共同发展。此外,高职院校应深化专业学位研究生培养改革,完善与经济社会发展相适应的培养模式,将一流大学和一流学科建设与经济社会发展紧密结合,从而提高高职院校对产业转型升级的贡献率。

为了实现这些目标,高职院校还需要加强"双师型"教师队伍建设,引入行业企业的技术和管理专家兼职教学,为青年教师提供实践实习的机会,从而增强教师实施产教融合人才培养的实践能力。这些综合措施将促使高职院校在培养高质量人才方面发挥更大的作用,满足社会和产业的发展需求。

二、科研育人的手段

(一)改革科研管理制度,用制度设计激发师生科研活力,提升学生参与科研项目的比例

为了深化人才培养与科研教学的融合,高校应将这一理念贯穿于科研项目的各个阶段,包括选题设计、立项审查、技术研究以及成果应用。高校鼓励学生积极参与科研项目,包括实验设计和数据分析等关键环节,支持学生主动撰写学术论文和申请专利,同时培养学生的批判性思维,从而提升科研在育人过程中的实效。为了推动科研与人才培养的深度结合,高校应引导和

鼓励学生开展独立且完整的科研项目。在人文社科领域，可以设立如马克思主义专项、思政专项、辅导员专项等，以此加强科研在育人方面的作用。

同时，高校需要改革现有的评价体系，确保人才培养和立德树人成为教师的首要职责。这包括全面考察教师的师德表现、专业成就及对社会的服务贡献，以此来保证教育质量和育人效果，进一步激励教师在教学与科研中实现最佳的综合效益。这样的改革不仅能提升教师的职业素养，而且能促进学生在学术和个人成长方面取得全面发展。

（二）完善学术诚信体系建设，健全科技工作道德行为规范和学术诚信教育管理体系

在科研活动中，教师应秉持正确的思想政治观念，严格遵循学术纪律，规范自己的学术行为。高校应通过实施同行评审机制，在科研立项、职称评定、成果鉴定以及学位授予等关键环节中，坚决防止和打击数据造假、论文抄袭等学术不端行为。

为了强化学术自律和学术诚信，建议高校制定《学术委员会章程》，依托学术委员会旗下的学术道德规范委员会，加强对学术道德的监督，并对违反学术道德的行为进行严格处理。这将有助于构建一个综合教育、预防、监督和惩治的学术诚信体系。高校还应组织专家编写《师生学术规定与学术道德读本》，开设专业学术道德修养课程，提升师生的学术道德水平。同时，可定期邀请科协、学会等组织开展针对性的科研诚信警示教育，以此提高全校师生的学术道德意识，实现科研活动的健康发展。这种全方位的教育和规范化措施将有效引导教师和学生树立正确的科研价值观，推动高校科研环境的持续优化。

（三）强化创新平台与团队建设

高校应支持各学校之间开展主题创新、形式多样且注重成果的学术研讨与交流活动。通过举办校内外的学术论坛，高校可以创建并巩固学术活

动的品牌，进一步促进学术交流和知识分享。此外，建议组织科技活动周，向校内外开放各学院的重点实训基地。通过科研成果展示、专题讲座、实训室参观及现场体验等活动，不仅可以展示学校的科研成就，而且能有效培育和弘扬科学精神，激发师生的创新能力和科研兴趣。这样的活动不仅加强了学校的内部协作，而且促进了学校与社会的互动，提高了教育的社会影响力和实践价值。

（四）开展名师科普宣讲和重点科研基地科普活动

学校可以借助优秀教师资源，如省市级教学名师、"四有"党员教师标兵、优秀共产党员等，为学生提供科普宣讲。这些教师具有深厚的专业知识和丰富的教学经验，能有效地向学生传达科学知识和应对策略，特别是在公共卫生事件等重要领域。

当前，将科普育人纳入学校的重点工作和长效机制是非常必要的。通过网络公开课、大众媒体和系列专题讲座等多样化方式，学校可以广泛传播科学知识，提供实用的防控建议。同时，这些活动也是鼓励青年学生在面对困难时展现科学精神、坚韧不拔和从容不迫的态度的良好机会。通过这些教育活动，不仅能够培养学生的奋斗精神和家国情怀，而且能增强其面对挑战的能力，为社会培养出更多具备实际解决问题能力和强烈责任感的优秀人才。

第三节 实践育人路径探索

一、实践育人的重点

（一）注重价值引领

价值理念作为行动的指南针，对于推动思想政治教育实践育人工作至关重要。在此过程中，充分发挥价值引领的作用，核心在于深入培育和践行社会主义核心价值观。这一价值观体系是社会主义核心价值观的高度概括，它不仅揭示了社会主义的本质特征，而且明确了社会主义的目标与追求，即"是什么"的社会形态、"要做什么"的实践路径以及"为了什么"的终极目标。

对于高职院校而言，将社会主义核心价值观内化于心、外化于行，是提升实践育人质量与效果的前提。这要求高职院校必须将立德树人作为教育的根本宗旨，始终以学生为中心，将社会主义核心价值观所倡导的价值理念深度融合到实践育人的每一个环节。通过教育引导，帮助高职学生树立正确的世界观、人生观和价值观，使个体价值观与社会主义核心价值观保持高度一致，实现两者的和谐共生。

在具体实施上，高职院校需注重将核心价值观作为引领学生个体价值观的风向标，既要尊重学生的个性差异，又要用核心价值观的普遍性来规范和指导学生的言行举止。通过丰富多彩的实践活动和潜移默化的教育方式，让学生在实践中感悟、在体验中成长，最终成为社会主义核心价值观的坚定信仰者和忠实实践者，为社会的进步与发展贡献自己的力量。

（二）注重理念创新

实践育人是思想政治教育的关键。思想政治教育工作需不断注入新理念，深度融合中国特色社会主义的"四个自信"——道路自信、理论自信、制度自信、文化自信，使党的先进指导思想得以广泛而深刻地传播。高职院校在实践育人工作中，应秉持全局视野，勇于创新，策划实施的活动需紧密贴合时代脉搏，展现创造活力，同时巧妙融入中华优秀传统文化的精髓，赋予实践育人鲜明的中国特色。

在传承和发扬中华优秀传统文化时，教师应展现中国话语的独特魅力，通过实践活动讲述中国故事、传递中国声音，激发正向情感，提升思想政治教育的亲和力、吸引力与凝聚力，使之成为引领学生向上向善的强大力量。此外，实践育人还应致力于促进个体的全面发展，使学生在参与过程中不仅仅获得知识与技能的增长，更在情感、态度与价值观上实现质的飞跃，真正实现人的全面发展。

（三）注重深度融合

推进思想政治教育实践育人工作，关键在于实现理论与实践的深度融合，凸显实践育人的独特价值。

一是强化中国特色社会主义理论体系的传播与实践应用。中国特色社会主义理论体系是民族复兴的坚实理论基础，需要被准确诠释、广泛宣传，并在实践中持续发展，尤其应融入日新月异的时代实践。高职院校应创新宣传方式，拓宽传播渠道，力求将高深理论体系转化为直观、生动、易于理解的形式，使学生在亲身体验与感悟中深化认知，增强社会洞察力，为成为合格的社会主义建设者和接班人奠定坚实基础。

二是深化"四史"教育与形势政策教育的实践融合。将党史、新中国史、改革开放史、社会主义发展史、中华民族发展史贯穿于实践育人的全过程，通过生动实践弘扬中国精神，磨砺学生意志，激发其爱国情怀与责任感，促进学生将历史智慧转化为现实动力，为国家和民族的发展贡献力量。

三是加强廉政文化教育与实践。在高职院校中积极开展廉政文化和反腐败教育的宣传活动，不仅仅要传递我们党坚决反对腐败、全面从严治党的鲜明立场与坚定决心，更要引导学生树立正确的权力观与价值观，培养其廉洁自律的品格，为其未来的职业生涯奠定坚实的道德基础。

二、实践育人的手段

（一）改变传统理念

1. 改变"重言传轻身教"的理念

实践，作为深化认知与教育的有效途径，其核心在于"行动"，这一行动范畴广泛涵盖了教师的示范引领与学生的积极参与。实践育人，本质上是一项集"立德"与"树人"于一体的系统工程，强调通过实际行动塑造人格，培育人才。为了增强思想政治教育的说服力与感染力，教育工作者需率先垂范，秉持高尚师德，不仅仅在理论上精通马克思主义，更需在信仰上真诚拥护，以正确的价值观引领学生。教师的言行举止，如同春风化雨，无声地滋养着学生的心田，因此，提升个人修养，保持言行一致，以学识与人格魅力感染学生，是提升思想政治教育实效性的关键。

在实践课堂的组织与管理中，规范化操作至关重要。教师应精心规划实践教学活动，不仅仅作为活动的组织者和管理者，更应成为学生的精神灯塔，通过积极的引导与示范，激发学生的潜能，促进其全面发展。这一过程中，教师应鼓励学生在反复实践中积累经验，提升综合素养，共同营造一个充满活力与成长机遇的实践育人环境。

2．树立"重实效轻形式"的理念

实践育人旨在通过实际活动促进学生身心全面发展，然而近年来，部分高职院校虽在口号上积极响应实践育人理念，但实际成效却未达预期。其中，劳动作为实践的核心要素之一，其价值在部分院校中却遭到忽视，劳动教育被边缘化，削弱了其在育人体系中的作用。

针对此现状，高职院校亟须正视实践育人的本质与重要性，重新定位劳动教育的核心价值，不仅仅要在观念上给予重视，更要落实到具体行动中。高职院校应制定并实施一系列切实有效的策略，强化实践教学环节，使理论与实践紧密结合，避免实践育人流于形式。

同时，需警惕活动组织表面化、教学活动设计空洞化的倾向。在设计实践教学活动时，应注重活动的实质内容与创新性。通过细化活动方案，明确目标，丰富形式，让每一位学生都能在实践中找到归属感和成就感，从而提升其参与度和育人效果，实现实践育人的初衷与目标。

3．注重实践育人的个性化

实践育人的精髓在于顺应每位学生的个性需求，引导他们在特定情境下自我探索，实现个性化成长。在世界百年未有之大变局和互联网高速发展的时代背景下，新一代大学生性格的多样性和个性意识凸显，传统同质化的实践教学模式难以满足其独特发展的需求。因此，实践育人模式亟待从"一刀切"向"个性化定制"转型。

在集体实践活动中，高职院校思想政治教育者需敏锐捕捉每位学生的内在精神渴求，尊重并珍视每位学生的独特性，如同工匠雕琢玉器般精细打磨教育方案，力求为每位学生找到最适合其发展的实践路径。青年是时代的先锋，个性的自由表达是创新火花的起点。教育者应基于学生先天条件、成长经历、环境熏陶等多元因素造成的差异，特别是价值观与个性表达上的独特性，采取差异化指导策略，精准对接学生个性与实践精神的契合点，激发其内在潜能。

同时，鉴于学生群体间的发展不均衡性，新时代实践育人理念倡导赋能学生自主探索，鼓励有能力的学生主动规划成长路径，实践自我教育与自我管理。教育者应作为引路人而非包办者，支持并激励学生利用课余时间积极寻求实践机遇，投身社会实践，让学生在亲身参与中积累经验、增长见识、锤炼能力，最终实现个人价值与社会需求的和谐统一。

（二）完善机体机制

1．建立健全实践育人的组织领导机制

优化实践育人的顶层设计是高职院校的首要任务。针对部分院校实践育人体系不完善的问题，高职院校需深入调研，科学制定实践育人规划，明确工作流程与课程体系，紧跟时代步伐更新教学内容与方法，并配套编制实践育人指南，细化教学目标、任务、场地布置、活动创意、考核体系及安全措施等关键环节。

实践育人作为高职教育不可或缺的一环，其长效机制的构建尤为关键。高职院校应设立由党政领导挂帅的实践育人专项工作组，跨部门整合实践教育精英，专责推进实践育人项目，统筹策略规划、政策执行与资源配置，同时积极协调社会资源，共建实践基地。

此外，高职院校需强化师生安全意识教育，系统评估实践活动风险，全面排查并消除安全隐患，制定严格的安全操作规范，涵盖场地选择、设备使用及活动流程等各环节。同时，建立风险防控预案与应急处理机制，为实践育人活动构筑坚实的安全防线，使得每一项实践活动都能在安全有序的环境中进行，促进学生全面发展。

2．建立健全实践育人的运行实施机制

高职院校在设计实践育人系列活动时，首要任务是明确并精心设计实践目标，确保活动主题紧密贴合课程要求及社会发展需求，同时全方位提升学生的知识、技能与情感态度，尤其注重激发其创新创造能力。

活动筹备阶段，实践育人专项小组需高效整合资源，预先选定适宜的活动场地，筹备必要物资，并构建全方位的安全保障体系。在细致规划活动流程时，需充分考虑学生的参与体验与感受，通过精心设计的互动环节，最大限度激发高职学生的参与热情，确保实践教育成效显著。此外，组织者需广泛宣传实践目标、形式与内容，组建由专业教师引领、学生积极参与的实践团队，明确任务分工与成员职责，并对参与者进行系统培训。活动中，加强流程指导，说明注意事项，使得每位参与者能做充分准备，促进活动顺畅进行。

第四节　文化育人路径探索

一、文化育人的重点

（一）充分发挥新时代中国特色社会主义文化的育人优势

新时代背景下，高职院校的文化育人工作需深入挖掘中华优秀传统文化的现代价值，创新其表现形式，使之自然融入大学生的日常学习与生活之中，焕发其在新时代的生命力。同时，高职教育应将思政课堂与社会实践紧密结合，善用革命文化的红色资源，深入挖掘并发挥革命文化的育人潜力。此外，高职教育还应坚持地域与行业特色文化的熏陶作用，借助优美的校园环境，发挥社会主义先进文化的引领作用，积极探索以习近平新时代中国特色社会主义思想为核心的文化育人新路径，以激发大学生的文化自觉与自信，让新时代中国特色社会主义文化成为展现大学生新风貌的精神符号。

在此过程中，中华优秀传统文化不仅仅是历史的积淀，更蕴含着社会主义核心价值观的精髓，它反映了革命先烈的高尚理想与当代人民的共同愿景，是凝聚人心的"最大公约数"。将这一文化精髓转化为学生的内在追求与实际行动，是一个循序渐进、深远影响的过程。高职教育应主动承担起这一历史使命，将社会主义核心价值观融入社会发展的方方面面，使之成为人们的情感认同与行为习惯。作为中国特色社会主义文化的核心，社会主义核心价值观不仅指引着文化建设和高职教育改革的方向，而且是高职院校文化育人的灵魂所在。

实施上，教育者需全面理解社会主义核心价值观的整体性、系统性和层次性，科学规划大中小学价值观教育的阶段性内容，使其在大学生学习、生活及社交中持续渗透。通过教育引导、舆论宣传、文化熏陶、实践锻炼及制度保障等多维度策略，将社会主义核心价值观的精神力量融入校园文明建设、文化活动及文化产品中，促进其在大学生中的内化于心、外化于行。同时，紧密结合大学生的价值追求与实际需求，围绕激发其精神动力，开展针对性的价值观教育，引导学生塑造健康向上的人格特质，成长为具有深厚文化底蕴、人文关怀与社会责任感的时代新人。

（二）推动社会主义文化强国建设

习近平文化思想在 2023 年 10 月全国宣传思想文化工作会议上被正式提出，标志着我们党对中国特色社会主义文化建设规律的认识达到了新高度,表明我们党的历史自信、文化自信达到了新高度。它将马克思主义文化理论与中国国情、中华优秀传统文化相结合,既丰富发展了马克思主义文化理论,又继承发展了中华优秀传统文化。《新时代公民道德建设实施纲要》强调"文以载道,文以传情,文以植德",高职院校作为高等教育的类型教育,承担着文化传承主阵地的责任,因此,开展文化育人的相关研究符合党和国家的大政方针政策,符合时代发展需要,是实现国民素质提升、培育新时代新公民的重要途径,是建设社会主义文化强国的内在要求,是弘扬社会主义核心价值观的必要保障,是坚定文化自信的重要举措。

新时代青年学生是国家发展的中流砥柱,只有将中华优秀传统文化融入高职院校文化育人,坚定高职院校学生对文化资源的了解,提升其文化自信素养,推动高职学生形成文化自信,才能将文化话语权牢牢抓在我们自己的手里,最终达到建设社会主义文化强国的目的。因此,通过开展文化育人工作有利于提升高职学生的文化素养和责任感,使他们自觉建立起正确的文化观,坚定理想信仰,让文化自信在他们心中生根发芽,提高他们的核心竞争力,从而助推高职院校"双高"建设,维护国家意识形态安全,巩固高职学生思想防线,凝心聚力实现中华民族伟大复兴,最终建立起社会主义文化强国。

二、文化育人的手段

(一)创新"小课堂",开展"大课堂",用活"基因库":深挖红色革命文化的育人力量

1. 创新"小课堂":强化革命文化对大学生成长的价值引领作用

中国共产党在波澜壮阔的革命历程中铸就的红色革命文化,不仅蕴含着不屈不挠的革命精神与坚定的信念意志,而且深深根植于浓厚的家国情怀之中。步入新时代,高职院校应充分发挥课堂教学这一核心渠道的优势,

特别是在思想政治理论课中巧妙融入红色革命文化元素,使之成为传承与弘扬红色基因的重要阵地。

为实现这一目标,高职院校需勇于创新教育教学模式,在课堂教学中传承红色革命文化,即推动思政课程与课程思政的深度融合,将红色革命文化的精髓全面渗透至所有相关课程的教学规划、大纲设计乃至教材编纂之中,实现教材体系向生动教学体系的顺畅转化。这一过程中,应着重将红色革命文化所承载的爱国情怀、民族情感与社会责任感融入教学的每一个环节,使之成为塑造学生精神世界的重要养料。

同时,高职院校还应深入挖掘革命事迹、感人故事及珍贵文物等丰富的红色资源,通过系统整合与创意转化,将这些宝贵素材有机融入课程体系,对教学过程与方法进行整体性优化与创新。为实现这一目标,关键在于让红色文化焕发新的时代光彩,使其更加贴近学生的现实生活与心理需求,真正触动学生的心灵,激发其内心深处的共鸣与认同,从而在潜移默化中培养学生的历史使命感与社会责任感。

2. 开展"社会大课堂":强化革命文化对大学生的涵育作用

为让红色革命文化的精神特质深植大学生心田,并赋予其鲜明的时代特色与实践效能,教育者需深刻认识到社会实践活动的独特价值,将理论讲授与社会实践紧密结合,将思政课堂延伸至广阔的社会大课堂。具体而言,应充分利用暑期"三下乡"社会实践、青年志愿者服务等平台,引领大学生亲赴革命老区、教育基地实地考察学习,通过调研走访等形式,让青年学生在践行社会主义核心价值观的实践中,亲身体验红色文化的力量,自觉承担起传承与发展红色文化的使命,将实践活动转化为推动新时代文化创新的生动成果,成为红色革命文化的忠实传承者与积极传播者。

同时,校园文化活动是弘扬红色文化不可或缺的一环。高职院校应在各类校园活动中巧妙融入红色元素,让红色文化在校园内熠熠生辉、生动展现。通过策划一系列以红色文化为主题的校园文化活动,如红色经典故事分享会、革命题材舞台剧展演、红色歌曲合唱比赛等,丰富红色文化的表现形式,增强红色教育的趣味性和吸引力,使学生在参与中感受革命先烈的崇高精神,激发爱国情怀与时代担当。

红色革命文化,作为中国共产党人的精神图腾,承载着党的理想与信念、英雄气概与奉献精神,是共产党人初心与使命的集中体现。它不仅仅支撑着我们为共同理想与远大理想不懈奋斗,更是我党保持先进性的文化根基。在新时代高职院校的文化育人工作中,我们应深入挖掘红色文化的深厚底蕴,将其转化为推动人才培养的强大动力,激励青年学生勇担时代重任,为实现中华民族伟大复兴的中国梦贡献力量。

(二)探索文化育人"一体化"育人模式

1. 文化育人共同体构建需要聚焦育人主体的整体性协同

在构建文化育人共同体的过程中,确保多方主体发挥整体性协调功能至关重要,这要求深入考量各主体间的利益平衡点,将文化育人的纵向层级与横向部门结构无缝对接,实现主体间的有效制衡、互补与互动,促使多方协同的整体效能超越单一主体的管理能力。通过优化重组各参与主体,汇聚成一股强大的整体性参与力量,推动文化育人质量体系的全面升级。

然而,高职院校思想政治教育工作在追求专业化的过程中,有时过于强调分工细化,误将专业化简化为育人工作体系内单一环节的孤立发展,导致思想政治教育工作被割裂成片段,整体性育人理念被忽视,进而引发了育人工作的碎片化问题。为扭转这一趋势,文化育人共同体的建设强调整体协同的必要性,呼吁从顶层设计入手,明确界定各部门、单位间的职能界限,解决职能交叉、缺位及决策、监督主体缺失等问题。

构建文化育人共同体,意味着必须打破传统的管理壁垒,向整体性、协同性的育人模式转型。这不仅要改变自上而下的单向管理,而且要消除单一的管控模式，代之以动态开放的协同机制，激发多元主体的自主协同意识。在此过程中，家庭、学校、社会、政府以及专兼职队伍均需紧密配合，形成合力。

具体到高职院校内部，应紧密围绕学生成长的实际需求与期望，强化顶层设计，采用系统性思维统筹规划校内各部门的协同工作。深入剖析各教育主体间的内在联系与育人功能运作机制，加速构建一套跨部门、跨领域的协同育人机制，使学校内部各主体能够形成一个动态平衡、持续优化的整体育人系统，共同为学生的全面发展提供坚实支撑。

2．文化育人共同体的机制设计运行需要整体性联动

文化育人目标的实现，根植于系统内部各要素的和谐统一以及系统与外部环境的有效联动。它不仅是一个综合性的系统工程，而且是推动思想政治教育治理现代化的关键路径。作为党的工作重心之一，思想政治教育直接关联到国家治理现代化的深度与广度。因此，审视文化育人共同体的整体性，需置于国家治理体系和治理能力现代化的宏观视野下，强调其与现代社会发展的动态互动，并依托国家治理制度的规范性，将制度优势转化为文化育人的强大驱动力。

构建文化育人体系，需强化高职院校与多元社会文化的协同，深化与文化育人研究等领域的合作，同时注重基础教育与高等教育在文化育人机制上的连贯与协同，以促进教育资源的优化配置，减少碎片化现象，优化育人流程。这要求我们从纵向与横向两个维度出发，整合教育资源，完善由党委统一领导，党政群协同参与，社会各界广泛支持的工作机制，汇聚全党全社会的力量，共同促进人才培养。

在具体实践中，高职院校应紧密连接社会需求，强化与社会的多元联动，确保文化育人紧密贴合社会人才发展的需要。同时，院校内部需加强思政课程与课程思政的深度融合，以及第二课堂文化实践活动的有机衔接，打破学科与部门壁垒，畅通沟通渠道，形成全员、全过程、全方位的育人

合力。通过这一系列举措,高职院校将能更有效地整合资源,消除障碍,构建起一个开放、协同、高效的文化育人生态体系。

(三)强实践:探索高职院校"十大育人"体系下的文化育人模式

1．加强科研育人中的文化育人模式创新

科研活动的本质是一种深刻体现人类智慧与创造力的文化实践。在高职院校肩负的立德树人使命中,科研育人以其独特的隐性教育方式,彰显出其独特性。科研育人的双重路径清晰可见:一是科研成果的转化与应用,为学生提供知识与实践的滋养;二是科研过程的直接参与,让学生在探索与实践中成长。

步入新时代,高职院校在科研育人中愈发强调文化的力量与功能,旨在将科研成果转化为宝贵的教育资源,通过融入教学的科研环节、强化对学生课外科研活动的指导、鼓励学生参与教师科研项目以及推动学生面向社会开展科研实践等多种方式,构建一个全方位、沉浸式的科研学习环境。在这一过程中,学生不仅能够直接接触前沿知识,更重要的是,他们将在团队协作中感受文化凝聚力,在科研思维训练中培养严谨求实的科学态度,于无形中汲取科学精神的养分,实现个人素养与能力的全面提升。

因此,高职院校应持续探索并创新科研育人的文化机制,更加珍视科研成果所承载的文化价值,精心设计科研活动,使之成为一个富含文化意蕴的学习场域。这一举措让学生在参与科研的同时,能够自然而然地接受文化的洗礼,成长为既具备深厚专业知识,又具备良好文化素养的新时代人才。

2．加强实践育人中的文化育人模式创新

新时代背景下,高职院校在实践育人中强化文化育人机制的创新,是将实践育人视为一种融合教育理念与方法论的综合体,它是思想文化的培育场、教化熏陶的实践地,更是高职院校"以人化人、文化育人"战略的关键环节。文化育人的深层动力源自人的实践"需求",这一需求构成了高职院校文化育人的根本驱动力。这种需求不仅体现在高职院校自身发展及利益追求的内部动力上,而且受到政府政策导向、社会趋势以及市场需求等外部因素的共同推动。

尤为重要的是,大学生对美好生活的向往,特别是对高质量精神文化生活的渴求,成为他们主动接受文化熏陶的内在力量。因此,高职院校应致力于将文化教育与实践深度融合,让德、智、体、美、劳教育与生产劳动相辅相成,共同促进大学生的全面发展,使他们在实践中积累知识、锤炼能力。

实践不仅仅是大学生拓宽视野、提升文化素养的关键途径,更是实现知行合一的重要桥梁。在这一过程中,大学生通过反复的实践与认知循环,不断深化对世界的理解,实现个人能力与品格的双重飞跃。高职院校的实践育人,更应发挥其先导作用,紧跟时代步伐,紧密围绕学生需求,让学生在亲身体验中感受社会变迁与党和人民的伟大成就。

此外,实践还强化了学生对文化的认同感,深化了文化育人的价值导向功能,不仅在个人层面塑造了健全的人格,而且促进了其社会化的进程。综上所述,高职院校的实践育人工作,需不断创新文化育人机制,以实践为纽带,连接理论与实践、知识与品格,推动大学生在全面发展中成为社会的有用之才。

第五节　网络育人路径探索

一、网络育人的重点

(一)完善高职院校网络育人的管理制度

在高职院校中,完善的校园网络管理制度是网络教育和思想政治教育工作的关键,而制度缺失是目前网络育人工程中的一个突出问题。为提升网络育人工作的质量,必须通过创新管理制度来推动其高效发展。

第一,高职院校需要建立和完善网络规范和网络纪律。这包括建立一套全面的网络信息管理制度,如网站和自媒体平台的备案制度、重要信息的审核发布制度、信息引导与舆论监督制度以及网络应急事件的处理制度。

第二,对网络育人平台进行科学化管理,是体现网络教育效果的重要环节。高职院校应建立一套科学的管理体系,鼓励学生积极参与网络育人活动,共同营造清新、健康的网络环境。这不仅有助于形成和谐、稳定的网络文化氛围,而且能增强学生的网络文化素质和责任感。

第三,构建一个既重视技术性又强调人文关怀的网络育人管理体系是提升教育质量的关键。高职院校已建设多个网络教育平台,如思想政治教育网站、官方微博和微信公众号,但往往过于侧重技术运用,忽视了对学生的人文关怀。因此,必须将先进的技术与育人理念相结合,使得技术应用和人文关怀在网络育人中有机融合,从而提高网络教育的整体效果,真正实现技术支持与人文教育的高度统一。这样的融合不仅能够提升网络教育平台的教育功能,而且能更好地把握学生的思想动态,促进其全面发展。

(二)完善高职院校网络育人的工作体系

在当前的社会和技术环境下,强化网络发展建设和社会管理尤为关键。加强互联网内容建设是我国社会治理的一个重大课题,也是高职院校网络育人实施效果的关键保障。

高职院校需采取措施,加强网络技术创新,使互联网的发展既可管又可控。教师和学生应共同参与网络育人工作,其中教师负责制订网络育人计划,并引导学生积极参与网络文化建设及思想道德素质提升。学生作为网络育人活动的主体,其积极的参与是实现网络育人活动健康可持续发展的关键。

此外,完善高职院校网络育人工作体系,结合"互联网+"技术是十分必要的。高职院校应充分利用"互联网+育人"的优势,创新网络育人平台,重视QQ、微信、微博、短视频等社交媒体在大学生群体中的广泛影响力。通过这些平台,可以有效提升学生的思想政治素质和网络道德素质,同时培养其对社会发展的积极态度和奉献精神。这种整合互联网技术与育人机制的方法不仅能提高教育的覆盖和效率，而且能更好地适应当代学生的学习和交流习惯，促进他们的全面发展。

二、网络育人的手段

（一）优化高职院校网络育人的工作平台

1. 加强平台内容的吸引力

当前，我国高职院校网络教育平台在发挥育人功能方面还存在一些局限，要想提升这些平台的吸引力和有效性，关键在于学校思想政治教育部门需要加强对网络教育平台的建设和管理。

学校应从内容和形式两方面着手，创新网络平台的内容设计，确保所提供的教育资源既贴近学生的实际需求，又符合时代发展的趋势。此外，通过运用现代信息技术手段，如增加互动性和视觉吸引力，可以显著提高平台的用户体验和参与度。

高职院校可以通过校内外的多种媒介渠道，如社交媒体、学校网站和电子邮件，来扩大网络平台的影响力，增强其宣传效果。同时，举办线上线下活动，如网络论坛、研讨会等，不仅能提高平台的可见度，而且能促进师生之间的交流与互动，进一步激发学生对思想政治教育内容的兴趣。

2. 加强网络教育平台的互动性和参与性

高职院校网络育人平台的建设，关键在于增强教师与学生之间的互动性和参与度，这需要结合专业技术的支持和内容创新。

第一，以思想政治教育为核心，高职院校可以构建包括易班学生工作站、网络文化论坛、红色知识教育平台和优秀学生社团等在内的多样化网络平台。通过这些平台开展丰富的思想政治教育专题活动，不仅能够鼓励更多教师和学生的参与，而且能逐步形成既符合学生口味又具有高雅品质的网络环境，从而促进学生世界观、人生观、价值观的积极发展。网络育人内容的设计与宣传应紧密结合学生的学习生活实际，避免内容过于枯燥或过分专业化，以提高学生的参与感。

第二，提高教师和学生的参与度还需要从网络教育内容入手。针对高职学生普遍关心的社会热点和学术难题，可以组织校内专家学者进行深入分析和讨论，开设相关的在线网络思政课程，将教育内容与时代发展的热点相结合，使广大师生能够积极参与到网络育人平台的建设中来。

第三，建立一个数字化的网络展示厅也是一个有效途径。这个展示厅可以定期展出大学生的日常生活和广大师生在人文社会科学领域的原创作品。通过这种方式，网络教育平台不仅成为展示学术成果的舞台，而且成为展现学生生活和创造力的窗口，使网络教育与学生的生活和学习环境更加紧密地融合。

通过这些策略的实施，高职院校能够有效提升网络育人平台的吸引力和教育效果，为学生提供一个丰富多彩、互动性强的学习环境。

3. 强化网络教育平台的实用性和针对性

高职院校师生的文化需求层次较高，对网络文化产品的实用性和针对性有着更为具体的期待。因此，高职院校应当重视并积极优化网络文化产品，使其更好地服务于师生。

第一，高职院校可以通过充分展示中华优秀传统文化，形成独具特色的网络育人文化品牌。一方面，院校应结合学生关注的热点问题，增加对网络文化建设的投资，利用网络资源的优势，迅速响应并满足学生对网络文化产品的需求；另一方面，院校应围绕师生的实际需求，建立一个促进网络育人文化良性持续发展的机制。

第二，建设的网络文化内容需要满足学生和教师的精神生活需求，实现内容的生活化、大众化和社会化。这不仅能增强网络育人的广泛性和实用性，而且能促进学生的全面发展。

第三，强化网络育人平台的针对性是十分重要的。高职院校应设计针对性强的网络教育内容，使这些内容直接服务于学生。例如，通过设置细分的网站子栏目，采用更生动的形式让网络教育内容更具吸引力和有更好的效果。同时，学校官方网站需要及时捕捉并了解师生的思想动态，及时更新重要信息，充分展示学校的历史文化底蕴和办学特色，以塑造学校的良好社会形象。

（二）强化高职院校网络育人的队伍建设

1. 构建"四位一体"人才队伍

高职院校可以探索建立一个包括"网络导师—学工队伍—学生骨干—学生家长"四位一体的网络育人体系，有效整合教育资源，实现多方协同育人。

第一，设置"网络导师"团队，选取具备丰富社会经验和深厚学识、亲和力强且热爱学生工作的教师。这些导师可以通过线上线下结合的方式，为包括孤儿、单亲家庭、心理障碍、经济困难或思想上有困惑的学生提供个性化的思想和心理辅导，利用QQ、微信、电子邮件等通信工具与学生保持紧密联系。

第二，加强学工队伍的作用。该队伍由学生事务部门、团委以及院系学生工作负责人组成，可以运用网络平台如学校和学院的网站、社交媒体等开设讨论专栏，解答学生关注的热点问题，并及时掌握学生的思想动态。同时，作为网络育人的"服务员""管理员"和"引导员"，学工队伍需要不断探索和创新网络育人的方式和方法。

第三，培养学生骨干，尤其是"网络意见领袖"，以增强学生间的朋辈教育影响力。通过培养有影响力的学生领袖，在网络平台上积极引导同学们进行思想交流，促进学生群体的共同成长。

第四，积极引入学生家长的参与，通过建立学校与家长之间的有效沟通机制，让家长及时了解学校动态和孩子的在校情况。这样的家校合作能够形成强大的育人合力，实现家校共育的目标。

2. 加强网络育人培训工作

随着网络信息技术的快速发展和新媒体形态的日益增多，高职院校网络育人队伍的培训变得尤为关键。这不仅需要提升网络育人队伍的责任意识和技术能力，而且要强化其在网络思想政治教育中的主体作用。

第一，高职院校应当强化网络育人队伍的责任意识，鼓励他们在网络思想政治教育中勇于承担责任，积极应对网络教育实施过程中遇到的新问题和挑战。这要求网络育人队伍不仅要有坚定的教育使命感，而且需要具备应对网络环境变化的快速反应能力。

第二，加强网络育人队伍的专业培训很重要。这包括对最新的网络信息技术的深入理解和应用，以及将思想政治教育的传统优势与现代信息技术有效融合的能力。高职院校应组织定期的技能提升培训，使教师队伍能够熟练运用各种网络工具和平台，以更有效地进行教育工作。

第三，高职院校网络育人工作还要求队伍具备扎实的思想政治理论基础、灵敏的网络舆情观察能力和实际操作技能。网络育人队伍应定期关注和分析学生经常使用的自媒体和网站，以及时掌握网络动态和舆论走向。通过增强多媒体操作技能和网络舆情管理能力，网络育人队伍能更有效地与学生沟通，实施精准和有影响力的思想政治教育。

3. 重视网络育人队伍稳定

为了使高职院校网络育人工作平稳有序、快速有效发展，高职院校要关注并维护网络育人队伍的稳定性。队伍的稳定是高质量网络育人工作的基础，对学校的长期发展很重要。以下加强网络育人队伍的稳定性和效能的两个关键方面：

第一，高职院校需要建立和完善网络育人工作的考评机制，制定实用有效的考核方案，并建立健全激励机制。这样的措施可以为教师和学生提供参与网络育人的动力和支持，从而吸引更多师生加入网络育人工作。具体而言，可以将网络育人的工作绩效与教师的职称晋升、年终考核、奖励表彰等挂钩，通过物质和精神激励，充分激发师生的工作热情，保证网络育人队伍的活力和稳定。

第二，高职院校应加大对网络育人工作经费的支持力度，并重视网络育人队伍的选拔、培训与管理。具体措施包括选择具有高思想素质、强管理能力和熟悉网络技术的青年教师加入队伍，并为他们提供必要的资金支持。同时，应重视对网络育人队伍的专业培训，通过增加他们的网络技能训练，来体现团队操作的专业化和规范化。这种综合策略将有助于构建一支专业强大、稳定高效的网络育人队伍，为高职院校网络育人工作提供坚实的支持。

第六节　心理育人路径探索

一、心理育人的重点

（一）创新新时代高职院校心理育人工作机制

在新时代背景下，高职院校心理育人工作的推进亟须建立健全一套高效、规范的工作机制。为实现心理育人工作的稳步前行与质量提升，高职院校应全面规划，精心筹备，保证心理育人活动的经费充足、场地适宜、人员配备到位，并持续优化硬件设施，以满足多样化的心理健康服务需求。同时，高校心理育人工作者应深入学生群体，了解其心理状态与实际需求，制定个性化、针对性的辅导方案，助力学生心理健康水平的显著提升。

为强化心理育人工作的组织领导与执行力，各高职院校应成立由学院高层领导挂帅的专门心理育人工作领导机构，成员涵盖各系部负责人，形成上下联动、齐抓共管的良好局面。该机构应依托心理健康中心与学生工作部门，科学规划、精心组织各类心理育人活动，将工作重心前移，注重预防与干预并重。

在二级学院层面,应设立专项工作小组,由二级学院领导亲自挂帅,辅导员、团支书、专任教师及心理委员共同参与,形成多层次、全覆盖的心理健康教育网络。心理委员作为班级层面的重要节点,应由责任心强、沟通能力佳的班干部兼任,负责及时收集并上报班级内学生的心理动态,协助学校及院系做好心理预防和干预工作,构建早发现、早报告、早干预的心理健康维护体系。

高职院校还应不断强化辅导员队伍的心理育人责任意识与专业能力培训,明确心理育人工作的职责范围与操作规范,使得每位辅导员都能成为学生心理健康的守护者与引路人。通过构建全方位、多层次的心理育人工作体系,高职院校将有效促进学生心理健康素质的整体提升,为培养德、智、体、美、劳全面发展的社会主义建设者和接班人奠定坚实基础。

(二)加强新时代高职院校心理育人队伍建设

1. 全面优化、强化心理育人师资队伍

大学生心理健康教育,作为提升大学生心理素质与综合素养的关键环节,对实现思想政治教育的实效性十分重要。为此,高职院校需精心策划并构建一套科学、系统的心理育人体系。首要任务是打造一支专业化、分层级、专兼结合的心理育人师资队伍。这支队伍应以具备心理学专业背景及丰富实践经验的专职心理教师为核心,辅以校内外的优秀兼职心理教师。校内兼职教师需具备心理学、思想政治教育等相关领域的知识背景,并持有相应的专业资格证书;校外兼职教师则来自心理学领域的专业机构,如心理咨询中心,能够为校内心理健康教育提供宝贵的外部支持与指导。

在此基础上,高职院校应将心理健康教育课程纳入必修体系,使每位学生都能接受系统的心理知识教育。同时,按一定比例配备专业教师,以充分满足学生的需求。此外,还需充分发挥心理健康教育教师、辅导员及班主任等角色的作用，共同构建一个全方位、多层次的心理健康教育与咨询服务网络。

为将心理育人工作做实做细，学院应将此项工作细化分解至各系部，设立专门的心理健康服务站。这些服务站应由熟悉学生工作、责任心强的专职人员负责，负责系部内学生心理健康的监测、评估与干预工作，使每位学生的心理健康得到及时关注。同时，建立并维护学生的心理档案，为个性化心理辅导提供依据。

2. 全面优化、强化高职院校心理育人队伍综合素质

高职院校心理育人工作需要在心理学相关知识的指导下，结合大学生身心发展的规律和特点，通过专业的心理学途径开展，这需要育人队伍有较强的业务能力、心理素质和综合素质。因此，高职院校应重视对心理育人队伍业务能力和综合素质的培养，加强对育人队伍的培训和考核，不断优化和强化心理育人队伍的业务水平。高职院校应积极开展心理健康教育师资队伍培训，制定心理健康教育专兼职队伍的培训规划，保证心理健康教育专职教师每年接受不低于 40 学时的专业培训，或至少参加两次省级以上主管部门及二级以上心理学专业学术团体召开的学术会议。高职院校应全面贯彻落实国家相关文件的精神，制定符合本校实际的心理育人队伍培训方案，每年制订心理育人队伍培训计划，通过线上线下相结合、"请进来"和"送出去"相结合的方式开展对心理育人队伍的培训，给心理育人队伍提供更多业务交流的平台和机会。针对专职心理教师、兼职心理教师和学生心理委员、宿舍心理信息员工作的差异，制定不同的培训培养方案。对于专职心理教师，应注重对其业务能力和水平的纵深培养，帮其广泛了解心理咨询的不同流派，并根据教师的个人意愿对某一项技能进行深入学习研究，定期聘请专业的心理咨询督导师为专职教师进行督导和辅导，不断提高专职心理教师的业务水平和业务技能。对于兼职心理教师，一方面可以组织各类讲座、案例研

讨、文化沙龙等活动,由校内专职心理教师对大家进行培训,一方面可以对悟性高、学习能力强、热爱心理知识的兼职教师进行深入栽培,使其在心理育人工作中能够发挥更大的作用。对于学生心理委员和宿舍心理信息员,心理中心在向他们普及相关心理知识的同时,应不断提高他们的学习兴趣和学习动力,确保学生心理工作队伍的学习常态化、自觉化;同时,应组织学生心理工作队伍成员系统、深入地学习心理知识,全力支持学生考取心理工作相关证书等。

3. 全面建立健全心理健康教育奖励激励机制

针对当前高职院校在心理健康教育工作者激励与考核机制上的不足,构建一套全面、有效的奖励与激励机制显得尤为迫切。此举旨在激发专兼职心理健康教育教师的工作热情,提升其职业满意度,进而推动心理育人工作质量的持续提升。

首先,高职院校应建立健全心理育人工作者的选拔、任用与考核机制,保证人才选拔的科学性与公正性。通过设定明确的选拔标准与程序,吸引并留住那些具备专业素养与热情的教育工作者。同时,实施定期考核与评估,对表现优异者给予表彰与奖励,树立榜样力量,激励全体成员共同进步。对于考核末位的教师,应提供必要的支持与辅导,促进其成长,必要时可考虑实施适当的调整措施,以体现团队的整体效能。

其次,高职院校在职称评审与奖励评聘体系中,应充分认可心理健康教育教师的工作价值与贡献。将心理健康教育工作的成效纳入评价体系,使心理育人工作者在职业发展道路上得到应有的重视与回报。这不仅有助于提升教师的自我价值感与职业认同感,而且能吸引更多优秀人才投身于心理健康教育事业。

最后,高职院校需加大对心理健康教育工作的投入与支持力度,优化工作环境与条件。其中包括提供舒适的办公与咨询空间,使心理育人工作者能够在良好的环境中高效工作;加强资金与物资保障,为心理健康教育活动的顺利开展提供坚实后盾；同时，积极营造关注心理健康、尊重心理教育工作的校园文化氛围，让每一位师生都能感受到心理健康的重要性与价值。

（三）充分发挥心理育人功能，解决当前高职院校心理健康教育实然问题

一是解决高职院校心理育人应该是什么样的问题。高职院校心理育人工作者要结合高职院校学生的心理特征，探析提升心理育人实效的方法，从提升心理育人质量的重要价值、心理育人质量提升的首要任务、心理育人质量提升的关键维度等方面，分析高职院校心理育人的应然样态。

二是解决高职院校心理育人现实状况是什么样的问题。解决该问题要全面了解高职院校对心理育人工作的重视程度、高职教师对心理育人工作的具体实施、高职学生对心理育人工作的实际体验等，针对家校社间关系、中国特色是否在心理育人工作中体现、心理矫正态度、心理育人的目标、心理育人队伍的专业性等进行调研分析，确定高职院校心理育人的现实困境。

三是解决高职院校心理育人质量提升为什么存在的问题。高职院校心理育人工作者要针对心理育人质量提升存在的问题，从家校社各要素育人衔接不足、心理健康教育价值相对中立、心理教育正面教育意识淡薄、未能准确分析高职学生心理、育人目标要素之间关系不清、多元化的育人队伍还未形成等方面挖掘其问题背后的形成原因，为提升心理育人质量提供支撑。

四是解决高职院校心理育人质量如何提升的问题。高职院校心理育人工作者要分析新时代背景下高职院校心理育人面临的机遇和挑战，通过"五位一体"实践探索，揭示心理育人质量提升的运行机理，从构建家校社一体化心理育人体系、推进中国特色心理服务体制建立、形成网格化的心理育人联动矩阵、促进心理育人本土化模式的发展、遵循高职学生的心理特征与规律、挖掘积极心理学对心理育人启示、探索专本衔接协同育人实践体系、落实"五位一体"心理育人工作格局、联动政行企校心理育人协同合作等维度，提出高职院校心理育人质量提升的具体实践路径和措施。

五是解决高职院校怎样评价心理育人质量是否提高的问题。高职院校心理育人工作者除了提出举措外,还要监测所构建的心理育人质量提升体系是否起到了加强和改进高职院校思想政治教育工作、心理健康教育工作的作用,这是推进实践研究成果能否推广的重要环节。大数据时代数据驱动的思维方式、数据互动的交互方式、数据支撑的技术方式为心理育人工作的开展提供了解决方式,即大数据背景下心理育人质量评价机制的构建,可以通过数据分析、数据共享、数据建模、数据获取、数据评估等方面,创新开展多元化评价方法,以校企行共同评价等方式开展质量评估。

二、心理育人的手段

(一)加强教育教学

高职院校心理育人课程的设计与实施,旨在通过多元化教学模式,全面提升学生的心理素质与适应能力。课程基本形式涵盖知识传授、行为训练与心理体验,包括情绪管理、自我意识与人格发展、人际交往技巧、恋爱心理辅导、压力应对策略等核心内容,使每位学生都能从中受益。

鉴于心理健康教育日益凸显的重要性,高职院校已将其由选修课提升为必修课,这一转变彰显了学校对学生心理健康成长的深切关注。在互联网与大数据时代背景下,高职院校应充分利用信息技术优势,创新教学方式,融合线上线下资源,打造更加生动、高效的心理健康教育体系。

线下教学中,教师应注重提升课程的趣味性与互动性,通过案例分析、角色扮演、小组讨论等形式,激发学生的学习兴趣与参与热情。同时,积极引入线上教学手段,如网络直播、微课、慕课等,为学生提供灵活多样的学习路径,支持其根据个人需求进行自主学习与知识巩固。这种混合式教学模式,不仅丰富了教学手段,而且有效提升了教学质量与学习效果。

此外,高职院校还应充分利用校园新媒体平台,如网站、广播站、微信公众平台等,根据学生不同成长阶段的心理需求,定期推送心理疏导与成长指导内容。构建心理健康教育门户网站，汇聚丰富多样的自助资源，实现心理健康教育的全方位覆盖与个性化服务。通过搭建课程教学与育人平台，不仅仅传授心理健康知识，更引导学生掌握自我调适的方法，培养其积极向上的心态，为学生未来的学习、生活与职业发展奠定坚实的心理基础。

（二）创新实践活动

为了全面丰富心理健康教育的实践活动，高职院校应积极策划并举办一系列形式多样、内容丰富的心理活动，旨在营造一种积极向上、关注心理健康的校园文化氛围。这些活动不仅有助于提升学生的心理素质，而且能增强校园生活的多样性和趣味性。

高职院校可以利用团体辅导这一有效方式，精心设计的团体活动，如班团干部协作沟通能力培训、情绪管理工作坊等，让学生在互动中学会沟通、理解和支持，促进其心理健康发展。同时，借鉴广受欢迎的游戏体验模式，创新性地设计不同主题的心理健康互动体验活动，让学生在轻松愉快的氛围中体验心理成长的乐趣，实现寓教于乐。

此外，举办多样化的心理健康主题活动也是关键的一环。例如，定期邀请心理学专家来校举办心理健康讲座，深入浅出地讲解心理健康知识；组织心理情景剧表演，让学生通过角色扮演深入理解心理现象；开展心理微视频大赛，鼓励学生用镜头捕捉和表达内心的世界；设立阅读沙龙，引导学生在阅读中汲取心灵的力量；举办心理健康知识竞赛和心理征文大赛，激发学生的参与热情和学习动力；举办心理趣味运动会，将心理健康元素融入体育活动中，让学生在运动中感受快乐与放松。

（三）建立干预体系

院校应建立健全"早发现、早评估、早预防、早干预"的心理预防机制，全面摸排，关口前置。具体来说，院校应每年对在校生进行心理普查，做到"早发现"；对心理普查数据进行分析、筛查，做到"早评估"；第一时间对筛选出的学生进行精准心理谈话,做到"早预防";对需要帮助的学生开展心理咨询,并组织专家对特殊学生进行会诊,必要时转至医疗机构,进行危机干预,做到"早干预"。形成"学校—中心—院系—辅导员—学生"五级网络预警体系,及时发现学生心理安全隐患。通过预防干预,搭建起一座座"连心桥",宽慰学生焦虑、抑郁、沉闷的心灵,有效预防和减少学生重大心理问题和心理疾病的发生。

(四)做好咨询服务

1. 靶向施策,科学干预,充分发挥心理健康教育指导中心的心理服务支持力

为了深化学生心理健康服务,高职院校需系统强化个体心理咨询服务,并持续优化心理咨询环境。具体措施包括:

一是强化个体心理咨询服务,完善咨询室建设。学院应致力于提升个体心理咨询服务的质量,通过持续优化心理咨询室设施,创造一个安全、私密且舒适的咨询空间,使每位学生都能在此获得专业、细致的心理支持。

二是优化咨询师团队构成,增强服务效能。学院应充分发挥专兼职心理咨询师的作用,同时引入心理医院具有丰富临床经验的精神科医生作为兼职咨询师,使每周有固定时段为学生提供深度心理咨询服务。这样的团队构成不仅丰富了专业背景,而且使服务更加多元化,满足了不同学生的个性化需求。

三是加强师资培训,提升实操能力。学院应定期开展专业培训与工作督导,持续提升专兼职心理教师的心理咨询技能与实操水平。培训内容包括心理咨询新理论、新方法以及案例分析与处理技巧,使每位教师都能为学生提供高效、专业的心理援助。

四是打造团体心理辅导特色品牌,满足学生多元需求。根据学生不同成长阶段的心理特点,灵活设计并推出多样化的团体心理辅导项目。这些活动旨在通过互动与分享,让学生在团体中获得情感支持、技能提升与心灵滋养,感受到集体的温暖与力量。

2．不断提高心理咨询工作水平

高职院校的心理咨询工作占据着举足轻重的地位，为消除学生对心理咨询的畏惧与排斥，需双管齐下，强化"硬件"与"软件"建设。

在"硬件"方面，心理咨询室的打造尤为关键，应确保空间布局注重隐私保护，装饰风格温馨宜人，采用柔和色调搭配绿色植物与卡通抱枕等元素，营造出轻松愉悦的氛围，有效缓解来访学生的紧张情绪。

同时，在"软件"层面，心理咨询师的专业能力是直接决定咨询效果的核心因素。因此，学院应高度重视心理咨询师队伍的建设与发展，积极搭建交流平台，促进咨询师间的经验分享与学习成长。定期邀请资深心理督导师莅临校园，开展现场督导与业务能力培训，不断精进咨询师的咨询技巧与水平，使得他们能够以更加专业、贴心的态度服务于学生，有效解决学生的心理困扰，引导他们健康成长。

3．提高心理咨询工作的针对性

受到不良网络风气的影响，享乐和超前消费引发的心理问题、不良情绪的自我控制与调节问题、自卑和自负的心理问题、自制力和自控力差的问题、抑郁和焦虑问题、社交恐惧和社交障碍问题等，在现今大学生中较为普遍。因此，高职院校心理教师在开展心理咨询服务工作的过程中，要善于发现规律，并有针对性地实施应对措施。

第七节　管理育人路径探索

一、管理育人的重点

（一）创新管理理念

在高职院校中，坚持立德树人的管理理念是至关重要的。作为培养社会主义建设者和接班人的关键阶段，高职院校承担着塑造学生道德品质和专业能力的双重任务。将立德树人作为教育的核心不仅仅是育人的基本要求，更是教育的灵魂。在开展思想政治教育工作时，应围绕"培养什么样的人、怎样培养人、为谁培养人"这一根本问题，坚定不移地坚持党对教育的全面领导，深入贯彻习近平新时代中国特色社会主义思想，将党的创新理论成果融入教学内容，培养学生的思想政治觉悟、专业和人文素养。

同时，随着信息化社会的发展，高职院校也需要适应时代的要求，推进教育管理的信息化。信息化管理不仅能提高管理效率，精确分析学生数据，而且能通过互联网平台深化思想政治教育的影响力。高职院校的管理者们应拥抱互联网思维，利用现代科技手段，推动教育管理向智能化、科学化、精准化发展。这样的双轨并进策略能够优化教育资源的配置，更好地满足学生的个性化学习需求，培养能够适应未来社会发展的高素质人才。

（二）创新管理方法

1．"党建+管理"育人模式

此模式强调以党建工作为核心，引领高职院校的全面发展。通过将党建活动与院校建设紧密结合，不仅促进了学校管理的标准化，而且强化了党组织的政治功能，将党的组织优势转化为治理效能。通过创新的"党建+"多元管理育人模式，实现党建工作与教育教学工作的同频共振，增强教育的系统性和整体效果。

2．"互联网+"管理育人模式

在信息化时代背景下，高职院校应充分利用互联网技术，创新教育管理和思想政治教育工作的方法。创新的重点在于理念创新、手段创新和基层工作创新。高职院校应探索适合当前高职学生特点的新型教育手段，打造适应时代发展的"互联网+"教育模式，使教育更加开放、高效，更具有互动性。

3. 校企共育、工学结合管理育人模式

高职院校应与企业建立深入的合作关系，共同培养符合市场需求的应用型人才。通过校企合作协同育人机制，将实践教学与企业实际需求精准对接，以提升学生的职业技能和实际操作能力。同时，探索和创新校企合作的有效方式，加强教学内容与企业实际相结合，建立产教融合的良性发展生态，促进教育质量的持续提升和教育创新项目的发展。

通过这些策略，高职院校可以更好地适应社会发展需求，实现教育目标的现代化和国际化，为学生提供更全面、更高质量的教育体验。

二、管理育人的手段

（一）环境育人

在高职院校中，学校环境对学生的成长和发展具有决定性影响。高职学生大部分时间都在校园内度过，因此，学校的教育理念、教师素质，以及学习氛围等各个方面都对学生的健康成长起着重要的作用。

创建一个良好的育人环境是关键，这样的环境能让学生在安心、愉悦的氛围中学习和成长。一个美观且功能性强的物质环境不仅能提升学生的审美体验，而且能激发他们的道德感，使学生更加倾向于提高自身的道德水平和生活质量。例如，一个干净整洁的校园、绿意盎然的环境和和谐的建筑布局，都能引发学生的正面心理反应，增强他们对不良行为如随地吐痰、乱扔垃圾的厌恶，甚至激发他们主动维护环境、改善社区行为的动力。

因此，高职院校在进行物质文化建设时，应致力于创造一个既美观又功能性强的学习环境，以促进学生综合素质的全面提升，进一步推动学校文化建设的持续发展。这样的环境不仅能够助力学生学业进步，而且能帮助他们在道德和社会层面获得成长，为未来成为社会有用人才奠定坚实的基础。

(二)文化育人

1. 打造综合素质优良的教师队伍

教育是国家的根本,而教师是教育的关键。对于高职院校来说,教师不仅需要具备扎实的专业知识,而且需要拥有高水平的综合素质,因为他们肩负着培养时代新人的重任。为此,高职院校正在积极推行"双师型"教师培养模式,旨在提升教师的理论及实践能力,鼓励教师参与实际操作和实践活动,以确保教学内容与实际需求紧密结合。

同时,高职院校也在不断推进教职工的持续教育,强调教育的常态化和终身化。这种持续的专业发展不仅仅提升了教师的专业能力,更加强了教师的职业道德和职业素养。通过这些措施,高职院校旨在塑造一支专业能力强、道德水平高的教师队伍,以更好地满足教育发展的需求和社会的期待。这些努力最终将显著提升教育质量,促进学生的全面发展,为国家的未来培养更多优秀的人才。

2. 加强中华优秀传统文化教育

当前,许多高职院校均已开设"中华优秀传统文化"课程,该课程的设置激发了众多学生对中国历史文化的兴趣,坚定了广大高职学生的文化自信,提高了高职学生的思辨能力,有助于思想政治教育的有效开展。

3. 用红色基因铸魂育人

高职院校应积极利用第一、第二课堂,充分发挥红色资源育人功能,向大学生讲好中国故事。通过一个又一个鲜活的故事,培养高职院校学生的社会主义核心价值观,锤炼广大青年的品格,助力广大青年铸就青春梦想并为之奋斗不息。

（三）活动育人

教育通过各种生活化活动潜移默化地培养学生的核心素养，使其成长为具备全面人格、显著优势、合作能力强，并能适应未来社会需求的社会主义建设者和接班人。

1. 品德素养

高职院校通过志愿服务、光盘行动、思想政治教育五分钟、国旗下讲话等活动培养学生的善行，增强其同理心、感恩意识和合作精神，使他们成为责任心强、正能量的人。暑期"三下乡"、寒假"三下乡"等社会实践活动成为引导学生学习和实践党的政策的重要途径，帮助学生加强政治意识，坚定信念，通过在农村基层的实践使学生得到教育、积累经验、作出贡献。

2. 身心素养

举办运动会、素质拓展等活动，不仅能够增强学生的体质，而且能培养其规则意识、竞争意识、纪律意识和团队精神。课堂成果展示和小组合作等学习模式能激发学生的学习动力，增强学生学习的自主性，促进学生良好学习习惯的形成。

3. 审美素养

通过社团活动、文艺晚会、艺术类通识课等途径，学生能够全方位地培养认识美、评价美、感受美、欣赏美、表现美、创造美等各方面的能力，积累丰富的审美经验，提升审美情趣。

4. 生活素养

校园研学活动、烹饪美食课程、文明寝室评比等活动能全面提升学生的生活技能，强化学生的劳动观念和自理能力。通过丰富的教育教学活动和社会服务，学生能够健全人格，升华情操，形成积极向上的人生观，成长为符合21世纪素质教育要求的高素质技术技能型人才。

第八节 服务育人路径探索

一、服务育人的重点

(一) 价值引领

服务育人是教育工作的核心,关键在于"培养什么样的人、怎样培养人、为谁培养人"。为此,我们必须将价值引领贯穿于服务育人的全过程。一是我们需要明确价值引导的方向,使其贯穿于人才培养的各个环节,包括课堂教学、教材使用、教学方法及校园文化活动和社会实践,使之成为知识传递和能力培养的一部分。二是我们应找准价值引导的着力点。在育人评价体系中设置监测点来评估服务育人的效果,使课程评价、校园文化活动评价及社会实践评价中有明确的价值引导方向和标准。三是有效讲述服务育人的故事,通过具体、生动、易懂的方式增强学生的文化自信和爱国情感。这些故事可广泛取材于古今中外,内容涵盖国家发展、党的奋斗历程、社会变迁、文化传承、道德典范、情感共鸣及人生哲理等多个维度。通过讲述这些故事,我们能够构建一个内容丰富、情感深厚、覆盖广泛的教育平台,引导学生深入思考国家、民族和生命的意义,以此潜移默化地传递正确的价值观,最大化发挥育人效能。

(二) 劳动精神

劳动是推动社会进步的根本。将服务育人与劳动教育结合,是回归学生中心的教育方式,也是培养学生自主实践、自我发现和创造幸福生活能力的有效途径。结合劳动与教育,可以有效培养学生的奋斗精神、诚信品质和创新能力。因此,高职院校应加强对学生劳动观念和习惯的教育,具体措施包括:一是创造劳动环境。将劳动教育融入人才培养全程,与思想政治教育、智育、美育和体育相结合。通过弘扬大国工匠精神、劳模精神、劳动精神，有目的、有计划地组织学生参与日常生活劳动、生产劳动和服务性劳动。让学生通过动手实践和体力劳动，接受锻炼和磨炼意志，培养尊重劳动、热爱劳动的价值观。二是科学设置劳动教育课程。加强劳动教育在课程体系中的地位，通过劳动课程和活动加强对学生劳动素养的考核评价，充分发挥劳动教育在人格和能力培养中的作用。三是协同社会、学校和家庭的共同努力。学校应开设充足的劳动教育课程，设立技能大师工作室，聘请劳动实践指导教师等，确立劳动教育的主导地位。社会应为学生提供劳动实践的平台和支持，家庭则应教育孩子养成良好的劳动习惯。通过社会、学校和家庭的协作，推动劳动教育的规范化和常态化，共同培养出适应未来社会需要的高素质人才。

（三）创新能力

创新是国家和民族发展的核心动力。随着社会的进步，创新的需求日益增长，而创新的核心在于培养拥有创新意识、思维和技能的人才。因此，服务育人的核心目标应是培养学生的创新能力。为达到这一目标，可以从以下三个方面入手：一是学习方法指导。在信息时代，知识的获取变得更为便捷，但同时也带来了信息过载的挑战。教师应引导学生有效学习和筛选对自己有用的知识。这不仅仅是传授知识，更重要的是教会学生如何学习，如何在海量信息中发现并利用那些真正有价值的知识。二是教育方式革新。教师应改变传统的灌输式教学方法，采用启发式教学策略，强化学生的主体地位。通过这种方式，让学生在学习过程中主动思考问题，从而培养其创新思维。三是构建创新实践平台。学校应与当地的科技馆、博物馆、历史馆等机构建立合作，共同开发创新教育实践基地，提供丰富的创新教育资源。同时，加强智慧校园建设，增强学生利用现代信息技术的能力。此外，组织学生积极参与各种技能和创新大赛，以实践活动促进学生的创新技能培养。

二、服务育人的手段

(一) 加强校风、教风、学风建设

高职院校致力于提高服务育人质量,而建设良好的校风、教风和学风是其关键。具体可采取以下措施:一是推进从管理到治理的转变。高职院校应主动推动学校管理模式向学校治理模式转型,营造一个文明和谐的校园环境。为此,需要搭建平台让师生共同参与学校治理,发挥师生在办学治校过程中的主人翁精神。这样的平台能够让师生的意见和需求得到更好的反映和实现,从而提升学校的整体治理质量。二是推进教育模式的转变。实现从传统的灌输式教育向启发式教育的转变,是教学革新的关键。其中,包括推进"三教"改革(即教师、教材、教法),加大对教师队伍的培训力度,提升教师的教书育人能力。通过这些措施,教师能更有效地进行知识传授和价值引领。三是推进学生学习方式的转变。高职院校还应促使学生从被动学习转向主动学习。教师应通过有效的价值引领,教育引导学生形成良好的学习和生活习惯,并鼓励学生积极参与学院组织的各种教育活动。

通过这种综合性的"三风"建设,高职院校旨在塑造一支师德高尚、业务扎实、敬业奉献且教学严谨的教师队伍,并培养一批懂得学习、善于学习、不畏困难、勇于探索的新时代高职学生,从而实现培养高素质人才的教育目标。

(二) 数字化赋能服务育人

随着社会的数字化进程加速,教育领域亦迎来了深刻变革,数字化教育已成发展趋势。在这一背景下,培养数字化思维和能力显得尤为重要。学校管理者和教师都应通过集中培训、专家讲座、参观学习等多样化的方式加强自身的数字化学习,以便更好地适应新形势。

为实现从传统教育模式到数字化教育模式的转变,学校需要加强信息化智慧校园的建设,创造全方位的思想政治教育网络环境,利用先进的学

习工具和丰富的数字学习内容提升教育教学质量。此外,学校应大力发展精品在线课程和建设教学资源库,以满足现代教育需求。

同时,学校应充分利用数字技术进行学情数据分析,发掘学习趋势和模式,优化教学策略;发展虚拟仿真实训平台,提供模拟实际操作的学习环境,增强学生的实践能力和问题解决能力。这些措施可以有效提升服务育人的针对性和效果,使教育更加精准、高效。

第九节 资助育人路径探索

一、资助育人的重点

高职院校要根据工作实际,对贫困家庭贫困学生实行精准帮扶,使资助育人更好地发挥教育作用。学校开展的资助育人工作必须坚持"以人为本",在充分了解和全面分析贫困大学生的现实需要的前提下,关注和重视其个体发展,把他们培养成知识储备充足、技术能力好、心理健康、品格素养高的多方位优秀人才。除此之外,高职院校还应着眼于资助对象的未来发展需求,构建发展性的资助育人体系,帮助学生完善知识能力建构,为学生未来成长和发展奠定坚实基础,实现教育公平的最大化。从心理帮扶、道德培养、责任意识、创新创业、素质提升等方面扎实做好资助育人工作。

(一)培养健康乐观心理

经济贫困往往在学生心理上投射出沉重的压力与负担,这些负面情绪若未得到妥善处理,将阻碍学生的健康成长,影响学业成就,甚至引发厌学情绪。鉴于此,学生资助工作应深度融合心理关怀,将培育学生健康、积极、乐观的心态作为资助育人的核心任务之一。政府、学校、教师及学生管理人员需携手合作,主动介入,通过个性化关怀与多样化的活动,不仅仅解决学生经济上的困扰，更注重心灵引导，助力学生正确认识自我与社会，培养其直面挑战的勇气、坚持不懈的精神与勇于创新的能力。最终，助力学生以阳光的心态拥抱学习、生活与未来，实现全面发展。

（二）培养高尚道德品质

感恩、诚信与责任，是个人行为态度的体现，也是构筑高尚品德的根本。学校应深化感恩教育，将深厚的感恩情怀、坚定的诚信原则与强烈的责任感根植于学生心田。这一教育过程旨在促进学生自立自强，同时，在资助育人的框架下，让学生深刻理解国家政策背后的温暖与关怀，将这份感激之情转化为勤奋学习的动力，并进一步强化他们的责任意识，促使他们在成长的道路上形成并秉持崇高的道德品质。鉴于当前部分学生受不良信息侵扰，面临道德观念淡化与价值观扭曲的风险，加强感恩、诚信与责任教育显得尤为重要。

（三）培养创业就业能力

资助育人工作应超越解决学生当前在校困境的层面，深刻关注其未来步入社会的适应性挑战，实现从单纯"输血"支持到激发"造血"功能的根本转变。

具体而言，一方面，激发学生的创新创业精神，通过组织宣讲会、座谈会及邀请校友分享等多元化形式，点燃学生内心的创业火花。同时，学校需定制化开展创新创业培训，不仅提供理论知识的滋养，更要辅以资金扶持与实践指导，为有志青年铺设坚实的创业之路。

另一方面，提升家庭经济困难学生的就业竞争力亦是资助育人的关键一环。鉴于就业对个人成长及社会发展的深远影响，高职院校应主动作为，为这类学生量身打造就业服务平台，广泛开拓就业渠道，以拓宽他们的职业选择范围。在此基础上，还应强化就业指导服务，通过专业辅导与个性化规划，助力学生实现高质量就业，让资助育人的成果在他们步入社会后继续发光发热。

（四）培养良好综合素质

在资助育人体系中，针对家庭经济困难学生，我们应着重强化其岗位适应力与竞争力培养，以应对未来职场的多元化需求与激烈竞争。鉴于这类学生可能因成长环境与教育资源限制，在综合素质上存在特定短板，高职院校需给予特别关注与支持。除了夯实学生的专业技能基础外，还应考虑提升其问题解决、批判性思维及综合分析能力，全面促进学生思想境界、道德品质、生活自理、业务技能、社交技巧、心理健康等多维度的均衡发展。这要求各院校秉持因材施教原则，精准识别学生群体的特性与成长阶段，实施分类指导与个性化培养策略，为学生搭建起坚实的社会适应桥梁，确保他们能够以更加饱满的姿态迎接未来的挑战与机遇。

二、资助育人的手段

（一）做优做强资助育人服务项目

项目式引领作为资助育人的关键策略，要求高职院校紧密结合实际，积极创新资助服务项目，深度融合"扶志"与"扶智"理念，以提升资助工作的精准度与实效性。通过实施资助育人项目，应精准实现价值塑造、学业支持、能力强化及感恩意识培养等核心领域，使学生在参与过程中获得切实成长。具体而言，项目应融入"四史"教育与社会主义核心价值观，为学生构筑坚实的思想基础；在学业上，需提供专业知识辅导、技能培训及实习实训机会，助力家庭经济困难学生顺利完成学业；同时，开展组织能力提升培训与素质拓展活动，全方位增强学生的综合素质；此外，通过志愿服务、乡村振兴等社会实践，激发学生的感恩之心与家国情怀，引导他们将个人理想融入国家发展大局，共同为实现中华民族伟大复兴的中国梦贡献力量。

（二）讲好用好资助育人故事

立德树人是资助育人工作的核心灵魂，而巧妙讲述并有效运用资助育人故事，则是实现这一目标的精妙途径。为实现故事教育效果的最大化，需遵循以下原则：

第一，精准定位故事价值，使每一则故事都满载正能量，弘扬积极向上、向善向美的社会风尚。清晰界定讲故事的目的、内容与预期成效，让故事成为传播知识、启迪思想、探索真理的载体，更在无形中塑造学生的品格、丰盈其生命，培养出新时代的栋梁之材。

第二，明确故事的服务宗旨，强化其价值导向功能，紧贴时代脉搏，紧密关联家庭经济困难学生的成长需求。通过故事讲述，激发学子的感恩之心，培养其责任感与使命感，助力他们在人生的道路上勇敢前行。

第三，坚守正确的政治导向，避免故事沦为形式或噱头。故事选材应紧密围绕立德树人的根本任务，坚定"四个自信"教育，激励学生将个人理想融入国家发展大局，成为全面建设社会主义现代化国家、实现中华民族伟大复兴征程的积极参与者和贡献者。在讲述中，不仅仅要让学生耳闻其声，更要心领其意，让资助育人的故事成为引领学生前行的精神灯塔。

（三）健全完善资助育人工作机制

当前，高职院校资助育人工作面临多重挑战，包括政策普及不足、公平性质存疑、贫困认定标准模糊及全员参与度低等问题，亟须构建更为健全的工作机制。为此，应采取以下关键举措：

第一，强化国家资助政策的宣传力度，使政策信息广泛覆盖、深入人心。教育管理部门、资助管理机构及高职院校应形成宣传合力，充分利用微信、抖音、快手等新媒体平台，创新宣传方式，使资助政策精准触达每个家庭。同时，把握录取通知书发放、新生入学、家访及主题活动等时机，多渠道、多层次深化政策宣传，增强政策透明度和公众认知度。

第二，构建党委统揽全局、部门协同联动、全员参与资助育人的工作格局。打破传统观念束缚，确立大思政视野下的资助育人理念，将资助工作视为全校师生共同的责任与使命。通过制度设计、机制创新，促进各部门间信息共享、资源互补，形成合力育人的良好氛围。同时，加强师资培训，提升全体教职工对资助政策的理解与执行能力，使每位教职工都能成为资助育人的参与者和推动者。

第三，完善资助育人考核评价机制，将立德树人作为根本遵循，融入大思政课体系建设。将资助育人工作纳入学校整体思想政治教育工作规划，与思政课程和课程思政同部署、同推进。制定科学合理的考核指标体系，从育人理念、方法、内容、途径及成效等多个维度进行全面评估。对在资助育人工作中表现突出的教师给予表彰奖励，并在干部选拔、职称评聘等方面予以优先考虑，以此激励更多教师投身于资助育人事业中，共同推动学生全面发展与成长成才。

（四）提升资助育人实践实效

高职院校应深度整合校内外资源，精心构筑资助育人平台，以增强其实效性与影响力。学校需高瞻远瞩，将资助育人无缝融入教学中，确立其为必修环节，赋予相应学分或折算课时，使资助育人实践既深入又扎实。通过丰富多彩的校内外活动，如文化盛宴、军训锤炼、创新创业启迪、社会志愿服务等，精心培育出感恩于心、坚韧不拔、求知若渴、勇于创新、勇于担当、乐于奉献的新时代青年。

在设计资助育人实践体系时，应紧密贴合家庭经济困难学生的实际状况，量身定制，将励志、责任、感恩与诚信教育贯穿始终，使每项活动都直击心灵，产生深远影响。此外，可构建"四级联动"的结对帮扶体系，即学校领导干部、中层部门负责人、党员教师及学生之间建立紧密联系，形成"一对一"或"多对一"的帮扶格局。这种制度不仅能让受助学生深切感受到来自学校各层面的温暖与关怀，而且能为他们营造一个充满爱意与正能量的学习生活环境，最终实现资助与育人的双重目标，让每一位学子都能在爱的滋养下茁壮成长。

第十节 组织育人路径探索

一、组织育人的重点

（一）充分发挥组织育人的功能

1. 思想引领功能

思想引领功能是高职院校教育体系中不可或缺的一环，旨在通过多元化的学习与实践活动，深化学生的思想政治教育，培养其积极向上的价值观，进而促使他们将所学知识与技能有效贡献于社会主义现代化建设。这一功能的核心体现，在于强化爱党爱国情感、深化理想信念教育以及塑造健全的价值观念。

强化爱党爱国思想是基础。作为马克思主义政党的中国共产党，其理论与主张是高职院校基层党组织教育引导学生的重要内容。通过系统宣传党的光辉历程与伟大成就，不仅仅能加深学生对党的认识与认同，更能激发他们深厚的爱国情怀与社会主义信念，使之自觉成为党的事业的坚定支持者与实践者。

加强理想信念教育是关键。面对大学这一相对自由的学习环境，部分学生可能因自律性不足而降低自我要求。为此，高职院校需充分利用各类组织平台，设计富有针对性的活动，旨在唤醒学生的内在动力，鼓励其树立远大目标，合理规划大学生活，追求卓越。特别地，党组织应对入党积极分子及党员实施更深入的理想信念教育，激发其投身社会实践的热情，强化其服务社会的责任感与使命感，使他们实现个人价值与社会进步的双重提升。

塑造正确的价值观是核心。在全球化与信息化的时代背景下，学生面临着复杂多变的价值观念冲击。高职院校需主动作为，通过组织系统的理论学习与多彩的校园文化活动，弘扬社会主义核心价值观，传递正能量，有效抵御不良社会思潮的侵蚀。这一过程不仅仅是用先进思想武装学生头脑的过程，更是帮助他们明辨是非，树立正确的世界观、人生观、价值观，实现健康成长与全面发展的关键途径。

2. 榜样示范功能

榜样示范功能是高职院校教育体系中一股不可忽视的力量，它通过表彰与宣传优秀学生的先进事迹，在学生群体中树立起一座座精神灯塔，引领与激励着每一位学子。具体而言，这一功能体现在以下两方面：

一是树立鲜明标杆，引领成长方向。面对新环境的挑战，大学生往往会经历一段适应期，迷茫与焦虑在所难免，特别是在学习规划、生活态度及职业发展路径上易感困惑。此时，那些学业优异、工作勤勉、表现突出的优秀学生便成为宝贵的资源。他们的故事如同明灯，照亮了前行的道路，为迷茫中的同学提供了清晰可见的参照。通过广泛宣传这些先进事迹，不仅能让更多学生感受到榜样的力量，而且能激发他们自我探索与定位的热情，明确个人成长的目标与路径，激励他们向着成为更加优秀的自己迈进。

二是实施精神激励，激发内在动力。榜样的力量是无穷的，它以一种温和而坚定的方式，悄无声息地渗透进学生的心田，激发着他们内心深处的潜能与渴望。高职院校设立的各类荣誉称号，如优秀学生干部、优秀团员、三好学生等，不仅仅是对获奖学生个人努力的认可，更是对全体学生的正面引导。这些荣誉如同催化剂，促使学生们相互学习、竞相追赶，形成一种积极向上的校园氛围。在这样的环境中，学生会更加珍惜大学时光，勇于挑战自我，积极参与各类校园文化活动和社会实践，享受拼搏与成长的乐趣，共同编织充实而快乐的大学生活篇章。

二、组织育人的手段

（一）坚持方向性原则开展工作

高职院校坚守正确的政治航向，核心在于坚定不移地走社会主义办学道路。在此基础上，构建并优化"三全育人"思想政治教育机制，是确保高职院校育人目标顺利达成、教育理念有效实施的关键举措。这一机制的深化，必须紧密围绕以下三大支柱：

一是牢固确立马克思主义的指导地位。高职院校应深入钻研马克思主义理论及其在中国大地上的创新实践成果，以此为决策之基，保证思想政治教育工作的科学性、方向性和时代性。通过系统学习与实践应用，让马克思主义成为引领学校发展、指导育人实践的思想灯塔。

二是明确服务党和国家大局的使命担当。高职院校应深刻认识到，自身肩负着"为党育人、为国育才"的神圣使命。这不仅是机制建设的根本目标，而且是检验工作成效的重要标准。在人才培养的全过程中，高职院校应始终将培养德、智、体、美、劳全面发展的社会主义建设者和接班人作为核心任务，使所育之才能够紧密贴合国家发展需求，为社会主义现代化建设贡献力量。

三是强化党对思想政治教育的全面领导。在中国共产党的坚强领导下，高职院校应紧密围绕党的教育方针和政策部署，科学规划、有序推进"三全育人"机制建设。通过加强党的建设、优化组织体系、提升治理能力等措施，使思想政治教育工作始终沿着正确的政治方向前进，为培养担当民族复兴大任的时代新人提供坚强保障。

（二）坚持改革创新原则开展工作

高职院校组织育人机制的持续优化与高效运行，关键在于持续推动改革创新。这要求全校师生及所有组织在机制构建与后续优化中，秉持理念更新、内容革新、方法创新的原则，深刻理解并实践组织育人的核心理念，特别是紧密围绕"三全育人"的精髓，将其精髓融入日常工作的方方面面。

各类组织的领导者需不断提升个人思想政治素养,既要保持传统工作模式中的精华,又要勇于突破,通过策划实施多元化活动,充分利用网络与新媒体平台,实现工作思路与方法的现代化转型,进而提升工作效率与影响力。在宣传策略上,应勇于创新,精准定位,构建高效的信息交流平台,确保能够及时、准确地把握学生思想动态,为精准施策提供有力支撑。

此外,组织育人机制的深化发展还需注重人才队伍的培育与激励机制的构建。高职院校应秉持改革创新的精神,优化人才选拔、培养与评价体系,激发团队活力与创造力。

(三)坚持客观规律原则开展工作

尊重客观规律是发挥主观能动性不可或缺的前提,而在构建完善的组织育人机制时,我们尤其需要遵循两大核心客观规律:学生成长成才规律与思想政治教育规律。

学生是教育的主体,也是我们育人机制服务的核心对象。因此,在设计和实施组织育人机制时,必须将学生成长成才规律置于首位。这意味着我们需要深入了解当代大学生的群体特征、兴趣偏好及发展需求,使所采取的措施和活动能够精准对接他们的实际需要。通过个性化、差异化的思想政治教育方式,激发学生的内在动力,促进其全面发展,让每个学生都能在适合自己的轨道上茁壮成长。

尊重思想政治教育规律是提升育人机制有效性的关键。这要求高职院校全体成员对组织育人机制的目标有清晰的认识,掌握科学有效的思想政治教育方法,明确思想政治教育的内容体系。在此基础上,我们应致力于最大化思想政治教育的影响力,不仅仅传授知识,更要引导学生树立正确的世界观、人生观和价值观,培养其成为具有社会责任感、创新精神和实践能力的新时代青年。

第七章

高职院校"三全育人"的建设实践成果和案例方法

第一节 "三全育人"视域下高职院校育人格局构建

一、"三全育人"背景下高职"一站式"学生社区建设的价值意蕴

（一）深化"三全育人"、落实立德树人的现实要求

遵循国家政策导向，高职院校正致力于将"一站式"学生社区构建为一个综合性的教育生活平台。该平台深度融合了思想教育、师生互动、文化繁荣与生活服务等多重功能，旨在打造一个全方位促进学生成长与发展的温馨家园。此举措标志着党团组织、管理部门及服务单位等多元主体的全面入驻，通过汇聚院校领导、管理精英、服务团队及思想政治教育工作者的强大合力，共同编织起一张紧密协作的网络，实现物理空间、社会互动与精神内涵的和谐统一。

从政策视角审视，"一站式"学生社区的建设不仅仅是响应高职教育深化"三全育人"理念的实际行动，更是践行立德树人根本任务的关键一环。它强调思政引领、管理优化与服务创新的协同并进，通过打破传统界限，促进教育资源在社区内的自由流动与高效配置，从而最大限度地挖掘并发挥社区的育人潜力。这一过程不仅丰富了高职教育的内涵，而且为学生提供了更加贴近实际、贴近生活、贴近时代的成长环境，为培养德、智、体、美、劳全面发展的社会主义建设者和接班人奠定了坚实基础。

（二）促进"五育并举"、延伸育人空间的必然选择

"一站式"学生社区是以学生成长为中心建构的社区，从空间场域来看，社区空间不仅拉近了师生之间的距离，而且为学生打造了丰富多彩的思想政治教育、智育、美育、体育、劳动教育平台，赋予育人空间更开放、

更灵动的特点，支撑"五育"内涵的持续延伸，为"五育并举"育人体系的构建提供了载体支持，助力学生综合素养的全面提升。不仅如此，"一站式"学生社区促进了高职院校育人空间逐步由第一课堂延伸至第二课堂，通过第一、二课堂的协同互促，实现了理论与实践、显性与隐性教育的有机结合。

（三）深挖育人资源、提升管理服务的客观需要

"一站式"学生社区作为高职教育创新的前沿阵地，通过无缝对接线上与线下空间，实现了管理、服务与育人资源的深度整合与精准下沉。这一模式不仅促进了资源的全面贯通与优化配置，而且依据"一站式"原则进行了资源的分类、分层、分区配置，使各类育人资源能够紧密贴合学生社区的实际需求，从而极大地提升资源利用效率，深化高职院校的育人功能。

社区内，多样化的功能室设计满足了不同学生群体的特定需求，吸引了多元管理服务力量的入驻，这种分众化的服务模式有效促进了管理与服务工作的深度融合与学生工作的协同推进。此举不仅标志着高职院校管理服务水平的提升，使高职院校管理机制向着更加科学化、精细化的方向迈进，而且也积极响应了高职治理能力现代化的时代要求，展现了高职院校在探索高效治理模式上的不懈努力。

二、现阶段高职"一站式"学生社区建设的现实审视

（一）认知局限，功能定位模糊

当前，高职院校领导层、管理层虽已认同了"学生社区是重要的育人阵地"这一观念，但未加强全校上下的动员宣传工作，这使得行政管理人员、专业教师及学生群体之间难以凝聚共识，提高对"一站式"学生社区建设的认同度。从"一站式"学生社区建设现状来看，多数仍停留在硬件设施建设为主的阶段，不仅顶层规划缺失，而且配套运行机制也未建立，

加上社区公共空间数量不充分、分布不均衡、配套设施"鸡肋"、综合保障不足、重管理轻服务问题突出，令"一站式"学生社区无法充分发挥多元功能，更难以实现品质效能的提升。

(二)信息壁垒，部门协同障碍

在"一站式"学生社区建设中，"一站式"理念的核心在于促进团委、学生处、后勤处、教务处等多个关键部门之间的无缝协作与高效联动，构建起一个涵盖多部门机构、党员教师及辅导员在内的全方位协同育人网络。这一网络旨在打破传统界限，推动学生社区的管理、服务与育人工作深度融合，共同促进学生的全面发展。

然而，在技术日新月异的今天，尽管众多高职院校已纷纷踏上信息化建设之路，建立了线上服务大厅及信息化管理平台，以期提升服务效率与管理水平，但现实情况却面临诸多挑战。技术标准的不统一使各部门之间仍存在"信息孤岛"现象，导致服务资源难以有效整合，管理与育人工作难以形成合力。此外，大数据、人工智能等前沿技术在教育领域的应用尚显不足，未能全面渗透到数字迎新、智能门禁、线上流程服务等关键环节，进而影响了师生体验，使得"师生办事跑腿多""跨校区办事难"等问题依旧存在。

(三)资源碎片，管理模式雷同

推进"一站式"学生社区建设要求高职院校必须加快课程育人、科研育人、实践育人、文化育人等各项资源下沉，以支持学生社区管理、服务与育人工作的高效开展。然而，当前高职学生社区供给条件不甚理想，普遍存在育人资源碎片化、分散化等情况，还有些院校出现资源供给与学生需求之间不适配、供给方式单一落后等问题，极大地影响了管理服务效能。不仅如此，部分院校在学生社区建设中存在功能窄化、盲目尝试或简单照搬其他院校管理模式的问题，既缺失"五育"元素，又未能彰显高职教育特色；同时，管理过程中存在学校强化引导与学生自我管理之间的矛盾，影响了社区效能的发挥。

（四）主体分离，育人权责不清

学生社区，作为社区理念在教育领域的创新实践，自引入社会化物业管理模式以来，虽在一定程度上提升了服务效率，但也伴随着高职院校学生社区行政管理体系的微妙变化。这种变化体现为多部门、多头管理的复杂化趋势，往往导致管理主体间的职责界定模糊、分工不明确以及任务重叠等弊端，从而削弱了整体育人合力的凝聚。

更为严峻的是，部分院校对于"一站式"学生社区建设的认知存在偏差，错误地将其视为单纯的学生工作人员职责范畴，而非全校范围内的协同工程。这种狭隘的理解直接导致了执行过程中的诸多问题，如态度上的漠视与敷衍，行动上的不配合、不对接乃至不作为。这一系列消极反应，在"一站式"学生社区建设任务的逐级落实中，如同层层阻力，阻碍了多方力量与资源的有效下沉，使其难以直达学生群体，直接影响了育人工作的质量与成效。

三、"三全育人"背景下高职"一站式"学生社区建设创新路径

（一）提高认识，加强顶层设计

针对现阶段"一站式"学生社区建设中普遍存在的认知局限、功能定位模糊等问题，高职院校要全面提高认识，加强顶层设计，明确学生社区的功能定位，为"一站式"学生社区的高效建设与有效落实提供指导。一方面，高职院校要充分认识到"一站式"学生社区建设的现实意义与时代价值，牢牢把握学生社区的发展方向，并组织全体师生开展动员大会，使之统一思想、凝聚共识，并深刻认识到在"一站式"学生社区建设中没有

"局外人",需要全体师生共同重视与配合,做到"人人有责、人人尽责";另一方面,高职院校要综合运用现代化思维指导社区建设,具体而言,既要在战略思维的支持下,立足高职学生特点及需求,面向培养德、智、体、美、劳全面发展的时代新人的战略高度,将学生社区由传统的生活场域延伸至文化场域、教育场域等,以此拓展社区育人功能,又要从系统思维出发,谋划布局,结合一线实践中面临的问题,确定学生社区的建设思路与方案,并从综合管理组织架构、建设规划、实施细则等方面建章立制,为学生社区建设与落地提供完备的制度供给。

(二)技术赋能,深化组织协同

在数字智能时代的浪潮中,高职院校正加速推进智慧校园建设,技术赋能已成为"一站式"学生社区发展的基础。针对当前学生社区建设中存在的"信息孤岛"、组织协同不畅等问题,技术成为打破壁垒、深化协同的关键。

高职院校首先应构建"一站式"学生社区云管理服务平台。该平台应成为整合各部门资源、促进信息流通的核心枢纽。该平台能够实现部门间、学院间的无缝对接与资源共享,消除信息壁垒,提升管理效率。同时,配套建立线上线下融合的"一站式"学生事务大厅,能够简化办事流程,减少师生在烦琐手续中的奔波,实现即时沟通与专业指导,让服务更加贴心便捷。

在组织协同层面,高职院校需从纵横两个维度深化组织建设。纵向上,通过社区党委、楼栋党支部、楼层党小组等架构,将学生紧密纳入党组织视野,强化党建工作的引领力。横向上,则依托党建平台,打破学科、院系、部门界限,促进跨学科交流、跨院系合作、跨部门协同,形成网格化管理体系,使得每项工作都能精准对接、高效执行。

通过技术赋能与组织协同的双重推进,高职院校不仅能有效解决当前学生社区建设中的痛点问题,而且能为管理、服务与育人质量的全面提升奠定坚实基础,让"一站式"学生社区真正成为学生成长的温馨家园。

（三）资源下沉，创新管理模式

为了解决资源碎片、管理模式雷同等问题，高职院校要全面推进现有资源整合与下沉。在资源支持下，以正确处理学校引导和学生自我管理的统一关系为牵引，创新学生社区管理模式，以此回应新时代对学生管理服务精准化的要求。具体而言，一方面，高职院校要利用扩建、改造等多元方式，全面优化学生社区空间布局，积极整合党建、思想教育、学习交流、文化传承、便捷服务等多类资源，为学生社区功能的拓展与发挥提供资源保障；要以学生德、智、体、美、劳全面发展需求为导向，深度挖掘"五育"资源，为社区"五育并举"提供支持；还要加大各类软硬件设施的数字化投入，以数字化学生社区建设顺应时代趋势，提高"一站式"学生社区建设水平。另一方面，高职院校要以党建带团建，充分发挥学生党员和优秀班干部、团员在社团建设中的积极性，并通过组建"学生自律管理委员会""学生宿舍管理委员会"等，强化学生自我管理进社区，同时要执行网格化、项目化管理模式，打造三级党建工作格局与共青团工作格局等党团互动管理模式，推进突发事件预警机制及应急反应体系建设，保障学生社区良性运转。

（四）同向同行，凝聚育人合力

针对主体分离、育人权责不清、分工不明等挑战，高职院校应秉持"全员育人"理念，深化思政课程与课程思政的融合，激活多元主体参与，共同构建强大的育人合力。具体而言，应从以下方面着手：

第一，高职院校应积极响应政策号召，在拓宽学生思政视野、提升思政素养的同时，深入挖掘职业技能教育与优秀传统文化相结合的新路径。将思政元素巧妙融入各类课程之中，不仅仅限于思政课程本身，更要推动课程思政的广泛实践，形成思政课程与课程思政相互支撑、同向发力的良好局面。

第七章 高职院校"三全育人"的建设实践成果和案例方法

第二,高职院校应致力于打造全员参与的社区育人工作体系,充分激发党政领导、专业教师、辅导员等多元主体的积极性与创造力。通过鼓励党员干部深入社区一线,及时感知学生需求,迅速响应并解决实际问题;同时,实施导师及辅导员住楼制度,让师生在共同生活中增进理解、深化情感,实现教学相长、共同进步。这一系列举措旨在汇聚各方力量,构建起从入学到毕业的全过程育人辅导网络,为学生提供全方位、个性化的学业指导与生活服务,满足其多元化发展需求。

四、构建思政协同育人格局的重要性

坚守社会主义教育的方针,打造全面发展的教学系统,旨在培育具备德、智、体、美、劳素质的未来社会主义栋梁之材,其核心在于实施"综合协同育人"策略。协同育人强调集结多方力量,融合多元资源,构建一个促进全面发展的高效协作机制,推动教育工作的全面性和协同性。构建思政协同育人的新格局,既彰显了全方位教育体系建设的宏观愿景,又顺应了高职院校思想政治教育工作的内在逻辑,是塑造学生正确价值观的必然要求。

(一)实现全方位教育体系建设的宏伟蓝图

在构建综合性教育体系的征途中,坚守全员、全程、全方位的育人模式无疑是核心法则,它如同三维坐标,精准定位了教育工作的广度、深度与持续性。深化思想政治教育的协同作用,则是通向职业院校人才培养理想彼岸的桥梁,它促进了教育理念与实践的深度融合,为人才培养注入了灵魂与动力。

"三全育人"理念,即全员、全过程、全方位的育人模式,是一个有机统一的整体,各部分既各具特色,又相互依存、相互促进。全员育人强调教育主体的多元性与参与性,要求学校、家庭、社会乃至学生本人都成为教育

过程中的活跃因子，共同编织育人的宏大网络；全过程育人关注教育时间的连续性与完整性，从入学到毕业，乃至学生未来的职业生涯，都是教育关怀与引导的延伸；全方位育人则着眼于教育空间的广阔性与内容的丰富性，力求在知识传授、能力培养、价值引领等多个维度上实现学生的全面发展。

这三者之间并非孤立存在，而是相互交织、相互影响，共同构成了育人的立体生态。全员育人需要全过程与全方位的支持与配合，才能使每个教育主体都能发挥其独特作用；全过程育人则需要全员与全方位的协同努力，才能确保教育过程的连贯性与有效性；全方位育人同样离不开全员与全过程的支撑，以实现教育内容的全面覆盖与教育效果的显著提升。

（二）遵循高职院校思想政治教育工作的本质逻辑

思想政治教育工作规律是首要的基本规律，要求我们在工作中要"因事而化、因时而进、因势而新"，持续创新育人内容，以满足时代进步和学生的个性化发展。回顾历史，可以看到高职院校思想政治教育的成功经验在于它遵循了自身独特的规律。这意味着我们需要摒弃传统的单向灌输式教育模式，转而采取一种更加互动、协作的方式。在这种模式下，教育主体、形式和方法之间形成了一种和谐的互动关系，这正是新时代高职院校思政协同育人的核心特征。

（三）培养学生正确价值观念的迫切要求

在大学这一人生的重要阶段，学生正处于价值观塑造的关键时期，同时伴随着心理成长的敏感与脆弱。因此，思想政治教育需以更加细腻与智慧的方式融入学生的生活与学习之中，如同春风化雨，悄无声息地滋养着每一颗年轻的心灵。这一过程呼唤着全方位、多层次的协同努力，旨在构建一个无缝对接、全面覆盖的育人生态，使得每位学子无论身处校园何处，都能沐浴在思想政治教育的温暖阳光下，得到正确的世界观、人生观、价值观的引领与启迪。

思政协同育人的模式，正是基于这样的考量而设计，它摒弃了单一、生硬的说教方式，转而采用更加贴近学生个性、契合其兴趣爱好的教学手段，使思想政治教育变得生动有趣、易于接受。这种模式下，学生不再是被动的接受者，而是成为主动的探索者，他们在轻松愉快的氛围中，自然而然地吸收着思想政治教育的精髓，逐渐形成清晰而坚定的价值追求与人生目标。

尤为重要的是，思政协同育人模式强调整体性与系统性的结合，它要求学校、家庭、社会乃至学生自身形成合力，共同参与到这一伟大的教育实践中来。通过资源共享、信息互通、优势互补，高职院校构建了一个立体、多维的育人网络，保证思想政治教育的触角能够延伸至每一个角落，触达每一个心灵。

五、构建高职院校思政协同育人格局的策略与措施

在高职院校中推动思想政治教育的协同合作，需要在"全员、全过程、全方位"育人理念的指导下，积极构建以党建协同为核心、队伍协同为支撑、机制协作为保障的综合体系。采用这种一体化的三重策略，能够高效地融合校园内外的教学资源，进而构筑全校范围内强大的思想政治教育协同力。

（一）深化党建合作，形成共同育人理念

高职院校的思想政治教育工作，作为学校工作的灵魂与核心，应深度融入培养兼具高尚品德与专业技能人才的总体战略之中。其中，党委的领导核心地位尤为重要，需发挥其全面协调与统筹引领的作用，使思想政治教育贯穿于行政管理的每一环节、教学过程的每一个阶段及学生成长的每一步。

第一，党委需将思想政治教育置于前所未有的高度，主动担任思想政治教育工作的领航者，使高职院校成为培育德、智、体、美、劳全面发展

的社会主义建设者和接班人的坚固阵地。这要求坚决贯彻全面从严治党的原则,深化党委在思想政治教育工作中的主体责任与领导职能,通过定期召开专题会议、组织研讨交流等方式,将思想引导确立为党委工作的重中之重,并紧密围绕人才培养这一中心任务展开。

第二,各相关部门与单位需紧密围绕思政育人的核心理念,结合各自职能特点与学院实际情况,在党的领导下协同作业,共同编织起一张全方位、多层次的育人网络。教育管理部门应在党组织的指导下,精准施策,构建一套高效协同的育人保障体系,使各项思政措施落地见效。同时,应充分依托二级学院党组织的战斗堡垒作用,促进党建与思想政治教育深度融合,形成互促共进的良好局面。

第三,通过构建科学的党建评估体系,进一步强化思想政治教育的内涵建设与实效检验。在此体系中,应将党建与思想政治教育视为不可分割的整体,使二者在规划部署、实施推进及成效评估上保持高度一致。这不仅能够激励各级党组织与党员主动担当作为,而且能有效促进思想政治教育的深入实施与价值彰显,使之成为推动人才培养质量提升的关键力量。

(二)加强团队协作,筑牢育人基石

深化团队协作,核心任务在于打造一支既通晓思想政治教育又擅长人才培养的教师团队。在高职院校的日常运营中,教学、管理和服务是核心任务,而要有效推进这些工作,关键在于打造三支核心团队:思想政治课程教师团队、专业技术教师团队以及学生辅导员团队。首先,要牢牢把握住思政课教师这一关键。紧密围绕思政课程的培养目标,持续推动教师教学内容的创新与教学方法的变革,切实激发思政教师的活力,更新思政教材的内容,使思政教学方法更加生动有效,引导学生在学习、思考、实践和领悟的过程中,积极传播和践行马克思主义,运用马克思主义的立场、观点和方法来观察世界并改造世界。其次,要体现专业技术教师团队的核心地位。这些教师不仅肩负着繁重的教学工作,而且具备培养人才的独特

优势。因此，高职院校在实施思想政治教育的过程中，应当充分利用专业教师的骨干作用，着力提升专业教师的思政素养，不断强化师德修养和育人要求，努力提高专业教师的思政素质，持续加强师德建设和育人标准。只有教师深入理解核心价值，清晰认识到课堂教学中的思想政治教育任务，才能在教学中流畅、高效地给学生传授社会主义核心价值观。想要进一步强化课程思政的核心思想，必须积极推动课程结构和教学方法的创新。这意味着，在专业课程的传授过程中，教师应巧妙地融入思想政治教育的内容，不仅仅向学生传授专业知识，更要激发他们思考，引导他们自主树立正确的价值观念。最后，筑牢育人基础的关键在于重视并强化学生辅导员团队。高职院校需要为辅导员提供足够的支持，使他们能够从烦琐的日常事务中抽身，专注于思考和实施育人策略。同时，辅导员应主动承担起政治职责，成为学生在成长道路上的指导者和引领者。

（三）提升合作效能，创新育人途径

为高效推进高职院校思想政治教育工作，全局规划与资源整合成为关键环节。高职院校各部门间必须摒弃部门壁垒，促进跨领域协作。首要策略在于优化领导架构，构建覆盖全校的"大思政"联动机制。具体而言，应成立专门的思想政治教育工作领导核心小组，负责统筹策划并执行年度思想政治教育工作及核心任务，保证思想政治教育的系统性与连贯性。

为增强思想政治教育工作的协同效能，引入思想政治教育工作部门联席会议制度势在必行。该制度旨在促进相关部门间的深度对话与合作，通过定期召集会议，共同审视思想政治教育工作的宏观走向，剖析当前工作实况，直面挑战与难题，并集思广益探索创新路径，形成强大合力，推动思想政治教育工作向纵深发展。

在评估环节，应摒弃单一维度的量化标准，转而建立以育人成效为核心的综合评价体系。这一体系应紧密围绕学生这一主体，考虑他们的关注度、参与度及满意度等核心指标，通过这些直观反映思想政治教育影响力的数据精准衡量工作成效。这样的评价方式不仅有助于及时发现问题与不足，而且能为持续改进提供有力支撑，使思想政治教育工作始终贴近学生实际，满足其成长需求，进而推动思想政治教育的持续进步。

第二节 "三全育人"视域下眉山职业技术学院旅游与财贸学院育人建设成果

眉山职业技术学院旅游与财贸学院作为四川省"三全育人"综合改革试点院（系）培育单位，紧扣服务商业、旅游业等第三产业的专业特色，以"融入东坡文化、强化协同育人"为核心思路，构建了具有地方特色的"1+3+6"育人模式（即"一融入、三保障、六任务"）。学院立足"全员、全过程、全方位"育人要求，将东坡文化贯穿人才培养全过程，通过党建引领、文化浸润、校企协同等举措，在师资队伍建设、课程思政改革等方面取得显著成效。

一、顶层设计与机制构建：党建引领下的育人体系搭建

（一）制度框架与战略定位

眉山职业技术学院旅游与财贸学院作为四川省"三全育人"综合改革试点院（系）培育单位，立足烹饪工艺与营养、酒店管理与数字化运营、旅游管理、大数据与会计、电子商务、市场营销6大第三产业核心专业，构建了具有地方特色的"1+3+6"育人模式。该模式以"融入东坡文化"为核心主线（一融入），以教师队伍保障、后勤服务保障、贫困资助保障为三大支撑（三保障），以课堂思政、科研育人、实践育人、心理育人、组织育人、网络育人六大任务为实施路径（六任务），形成《旅游与财贸学院"三全育人"综合改革试点方案》《传承东坡美食文化，探索地方高校餐饮类人

才培养"三全育人"机制》等制度文件,将"立德树人"根本任务转化为可量化、可考核的育人指标。

在 6 个专业人才培养方案中,学院明确要求"服务地方经济发展的高素质技术技能人才占比每年提升 10%"。例如,《烹饪工艺与营养专业人才培养方案》强调"掌握东坡菜系制作技艺并具备文化传承意识",《旅游管理专业人才培养方案》要求"能将东坡文化融入景区讲解与服务流程",通过目标倒逼机制确保"三全育人"理念与专业培养目标深度融合。

(二)党建与育人协同机制

1. 决策机制创新:双轨制度保障育人方向

学院建立党总支会议与党政联席会议双轨决策制度,对办学方向、教师聘用、课程设置等重大事项实行"党总支先把关—党政联席决策—师生参与监督"的闭环流程。2022—2024 年来,累计审议通过《东坡文化融入课程标准》《"三全育人"考核评价办法》等 23 项育人相关制度。例如,在开发"东坡菜制作技术"特色课程时,先由党总支对课程中的文化导向和思政元素进行审核,再由党政联席会统筹教学资源配置,最后通过师生座谈会收集反馈意见,确保课程既符合专业标准,又渗透"工匠精神""文化自信"等育人内涵。

2. 先锋工程实施:党员引领下的双培养模式

(1)"党员先锋岗"创建与育人项目融合

学院按照上级党组织要求,开展"党员先锋岗"创建活动,组织学生党员参与"东坡文化宣讲团""社区志愿服务队""红色厨艺工坊"等 12 个育人项目。例如,烹饪专业党员教师许川(东坡肘子非遗代表性传承人)带领学生团队开发"东坡肘子""东坡肉"等特色菜品时,同步开展"工匠精神"党课教育,将食材处理的精准度要求与"精益求精"的职业伦理教育相结合,形成"专业技能+思政教育"双培养模式。该团队累计开发 5 道东坡特色菜品，其中 3 道拟被纳入眉州东坡（餐饮）集团标准化菜单，学生在掌握烹饪技术的同时，深化了对地方文化的认同感。

（2）党团联动下的全过程育人实践

在新生入学教育阶段，党员教师牵头开展"东坡诗词诵读会"，引导学生理解"大江东去"的家国情怀；在专业学习阶段，党员学生带领班级开展"东坡菜文化解读"研讨会，将烹饪工艺与历史典故结合；在毕业实习阶段，党员教师带领学生在眉州东坡（餐饮）集团等企业实践时，强调"服务意识"与"文化传承"的双重责任。2022—2024 年，学院通过"先锋工程"培养出优秀学生党员 7 名，相关育人案例获党建创新项目表彰。

二、文化育人特色实践：东坡文化的全周期浸润

（一）文化要素挖掘与课程转化

1. 内涵提炼与载体建设：从文化符号到育人资源的转化

学院深度挖掘东坡文化中"民本思想""创新精神""清廉品格"等核心育人元素，结合第三产业专业特色，构建"体验—教学—实践"三位一体的文化育人载体。

（1）实体空间建设

建成"东坡文化体验馆"，设置饮食文化区（展示东坡菜系历史渊源）、诗词展示区（互动式呈现东坡诗词意境）、廉政文化区（解读东坡从政典故），年均接待师生及社会访客 1.2 万人次，成为校内文化育人的重要阵地。

（2）课程与教材开发

编写《东坡饮食文化》特色教材，开发制作 4 套（春夏秋冬）具有东坡特色的创意宴席"东坡故里东坡宴"，开发特色菜品 80 余道。编制烹饪规范，实施标准化引领，完成了《东坡菜烹饪工艺技术规范》等东坡菜品技术标准 15 项，烹饪教学资源库入选四川省教学资源库，搭建合作平台，聚合四方力量，整合产教资源；供需互补，双向嵌入。

2. 阶段性育人设计："颂学做"三阶培养体系

学院根据学生认知规律与专业成长周期，实施"颂东坡—学东坡—做东坡"递进式培养：

（1）大一"颂东坡"

制定《东坡诗词必背10首》清单（含《念奴娇·赤壁怀古》《定风波·莫听穿林打叶声》等），通过诗词诵读比赛、"东坡诗词与人生哲理"主题班会，引导学生理解"大江东去"的爱国情怀与"一蓑烟雨任平生"的豁达品格。2022—2024年参加学校"三苏诗词诵读大赛"均获得学校一等奖，获得四川省诵读大赛一等奖1项、二等奖1项、三等奖1项。

（2）大二"学东坡"

开设"东坡菜制作"实训课程，要求学生不仅掌握菜品烹饪技法，而且需撰写《东坡菜品文化内涵解读报告》，分析食材选择与东坡"民本思想"的关联（如东坡肉"肥瘦相间"体现"中庸之道"）。结合课程开展"东坡菜品创新大赛"，学生改良传统配方并融入现代健康理念，产生优秀作品46件。

（3）大三"做东坡"

在眉州东坡（餐饮）集团、三苏祠等企业实习时，要求学生将东坡文化融入服务实践。例如，旅游管理专业学生在景区讲解中加入东坡典故，酒店管理与数字化运营专业学生设计"东坡待客礼仪"服务流程，烹饪工艺与营养专业学生参与东坡菜系标准化研发，实现"文化认知—技能掌握—职业践行"的育人闭环。

（二）价值观培育与实践转化

1. 核心价值融入：从文化符号到行为准则的内化

以东坡文化为切入点，将社会主义核心价值观融入专业实践：

（1）"廉洁烹饪"主题教育

以东坡"清廉从政"思想为核心，在烹饪实训中推行"食材零浪费""操作零违规"双零标准，建立"廉洁厨房"考核机制。学生在处理食材时需记录用量明细，杜绝浪费；在调料使用中严守配方规范，防止以次充好，将"诚信经营"理念转化为职业习惯。

（2）"东坡精神与党史对照"研学活动

组织学生赴三苏祠、苏母祠、眉山市党史和方志馆开展对比研学，撰写《东坡廉政思想与新时代青年责任》《东坡创新精神与党史中的改革实践》等调研报告28份。例如，学生在分析东坡"宽简为政"理念时，对比党史中的"群众路线"，形成《传统治理智慧对现代服务行业的启示》等深度思考成果，相关案例获思政实践项目一等奖。

2. 品牌化项目带动：从校园实践到社会服务的延伸

（1）"东坡小厨"校园文化品牌建设

该品牌以烹饪专业学生为主体，由四川省劳模和工匠人才创新工作室（中式烹调）、四川省中式烹调技能大师工作室领办人吴长清领衔开发"东坡家宴"系列菜品，在校内举办美食文化节20余场，吸引师生参与超8000人次。品牌成员70%毕业后就职于眉州东坡（餐饮）集团，并熟练将东坡菜系与现代餐饮标准结合。

（2）"文化传承+就业实践"育人闭环

酒店管理与数字化运营专业12%学生入职岷江东湖饭店、三苏祠"东坡书院"等企业担任茶艺师，创新"东坡茶文化+宋代点茶技艺"培训体系，开发"东坡诗词茶席"体验项目，年接待游客1.5万人次，成为地方文化传播的窗口。

三、保障体系构建：资源整合与精准服务

（一）师资与管理保障

1. 双师型队伍建设：技艺与思政的双向融合

学院组建"技艺大师+思政骨干"的复合型育人团队，打破专业教学与思政教育的壁垒，形成"双师双能"培养机制。

（1）团队架构与培养成果

以四川省劳模和工匠人才创新工作室（中式烹调）、四川省中式烹调技能大师工作室领办人吴长清，四川省劳模和工匠人才创新工作室（中华茶艺）、四川省技能大师工作室（中华茶艺）领办人李倩为代表，邀请行业专家与校内思政教师组建工作坊，开设"东坡菜制作与职业伦理""餐饮服务中的文化自信""东坡点茶非遗技艺传承"等特色课程。2022—2024年，累计培养"双师型"教师29名，其中党员教师占比69%，实现"专业技能传授"与"思政价值引领"的有机统一。例如，吴长清大师在教授东坡肘子制作工艺时，同步讲解"食材溯源中的诚信原则"，将烹饪技艺与职业道德教育深度结合。

（2）考核与激励机制

建立师德"一票否决制"，将育人成效纳入职称评审核心指标。规定教师每年需参与至少2次思政教学培训、指导1项育人实践项目，考核结果与评优评先、岗位聘任直接挂钩，形成"育人有功、育人有得"的激励导向。

2.网格化管理模式：四级联动的精准育人

构建"系部—教研室—班级—宿舍"四级管理网络，实现育人触点的全覆盖与精细化。

（1）机制设计与运行

辅导员与宿管结对开展"生活关怀+心理疏导"，针对实习学生建立"周汇报—月走访—季评估"机制。例如，旅游管理专业学生在景区实习期间，管理团队每周通过线上问卷收集职业适应问题，每月实地走访实习单位，每季度组织座谈会复盘成长痛点，累计解决岗位沟通障碍、文化服务能力不足等问题47项，实习满意度提升至92%。

（2）宿舍育人阵地建设

在宿舍区设立"党员先锋岗"，由学生党员担任楼层长，开展"宿舍文化节""安全知识竞赛"等活动，将思政教育融入日常生活场景。2022—2024

年评选"文明寝室"89个,形成"自我管理、自我服务、自我教育、自我监督"的宿舍育人生态。

(二)服务与资助创新

1. 一站式服务平台:便捷服务与思政教育的融合

设立学生服务站分站,整合学籍办理、心理咨询、就业指导等12项服务,打造"服务+育人"的复合场景。

(1)功能整合与运行模式

由学生干部轮值服务站,在办理业务时嵌入"朋辈思政教育"。例如,在办理贫困生资助时,同步开展"感恩教育"主题班会,邀请受助毕业生分享成长故事;在提供就业咨询时,融入"职业规划中的家国情怀"指导,年服务学生2300人次,满意度达95%。

(2)数字化服务升级

开发线上服务平台,实现"预约—办理—反馈"全流程数字化,同步开设"思政微课堂"模块,推送《东坡文化中的服务精神》《工匠精神每日一学》等内容,点击量超1.8万次,形成"线下便捷服务+线上价值引领"的育人闭环。

2. 发展型资助体系:从经济帮扶到能力提升的跨越

构建"物质保障+技能培养+精神激励"三位一体的资助模式,突破传统资助的局限性。

(1)"资助+技能"培训项目

在每年发放奖助补的基础上,为贫困生定制"电商运营+东坡文创""餐饮服务+文化传承"等实训项目。例如,大数据与会计专业贫困生参与"东坡文创产品线上推广"项目,不仅能掌握电商运营技能,而且能通过直播带货传播东坡文化,27名学生毕业后自主创业,其中3人获评"青年创业标兵"。

（2）"微光宣讲团"反哺实践

组建由受助学生构成的"微光宣讲团"，深入社区开展反诈宣传、东坡文化普及等活动19场。例如，在永丰村宣讲时，学生结合会计专业知识，编制《农村家庭财务风险防控手册》，覆盖村民500余人次，实现"受助—成长—奉献"的价值转化。

四、育人路径创新：课程与科研的协同发力

（一）课程思政深度改革

1. 专业课程融入：从知识传授到价值引领的融合

学院立足6大专业系统性挖掘课程中的思政元素，构建"专业内容+思政内涵"的融合式课程体系，实现120门课程思政元素全覆盖。

（1）模块设计与案例实践

在"酒店管理概论"课程中增设"东坡待客礼仪"模块，将宋代宴饮礼仪与现代服务标准结合，讲解东坡"宾至如归"的待客理念，培养学生"以客为尊"的服务意识；在"电子商务运营"课程中设置"东坡文创产品线上推广"项目，学生需策划"东坡诗词书签""东坡菜系周边"等产品的营销方案，在掌握电商技能的同时，理解传统文化的现代转化价值。

（2）教研机制保障

建立周三"课程思政研讨日"，通过跨专业教案互评机制，累计整改非思政化教学案例38个。例如，"大数据分析"课程原教案缺乏价值导向，经研讨后增加"数据伦理与商业诚信"章节，要求学生在数据分析项目中严守隐私保护原则。

2. 教学模式创新：技术赋能下的沉浸式育人

采用"线上慕课+线下工作坊"混合教学模式，打破时空限制，增强学生的参与感与体验感。

（1）"东坡饮食文化"在线课程建设

开设"虚拟厨房"互动模块，学生可通过3D模拟系统学习东坡肘子、东坡肉等菜品的烹饪流程，完成操作后提交"文化解读视频"（需阐释菜品背后的东坡人生哲学）。该课程访问量超5.2万次，获评省级精品资源共享课，学生通过"做中学、学中悟"，既掌握烹饪技艺，又深化对"美食即生活哲学"的理解。

（2）线下工作坊特色项目

结合线上学习内容，开展"东坡菜品文化品鉴会""宋代点茶技艺工作坊"等线下活动，2022—2024年组织27场，参与学生达1300人次，实现"虚拟体验—实体实践—文化反思"的闭环学习流程。

（二）科研育人实践探索

1. 课题驱动育人：学术研究与价值塑造的共生

以东坡文化为核心申报各级课题，构建"师生共研—成果转化—育人反哺"的科研育人链条。

（1）课题引领与实践

申报市厅级课题《"三苏"家风在高职学生文化自信培育中的路径研究》，师生团队调研眉山12个社区，形成《农村家庭文化传承现状报告》，发现"青少年对传统家风认知不足"等问题，据此开发《三苏家风进校园》系列讲座，覆盖学生2000余人次。

组建"党员科研团队"，在开发东坡菜品专利（如"一种具有保健功能的东坡肉制作工艺"）时，同步撰写《传统饮食文化创新中的青年责任》论文，将科研过程转化为"文化传承+创新思维"的育人过程。

（2）科研成果转化育人

将部分科研成果转化为教学资源，如根据社区调研数据开发"地方文化传播与策划"实训项目，学生基于真实数据制定东坡文化推广方案，实现"学术研究—教学实践—社会服务"的贯通。

2. 学术诚信建设：制度约束与道德自觉的统一

设立学院学术道德办公室，构建全流程、多层次的学术诚信管理体系。

（1）教师科研诚信管理

对教师科研项目实行"选题—实施—成果"全流程审核，要求在申报书、结题报告中明确体现"育人价值"指标。例如，某教师在申报《东坡菜系标准化研究》课题时，因未提及"文化传承育人目标"被退回修改，直至完善育人方案后才获立项。

（2）学生学术规范培养

对毕业论文开展"反抄袭+价值观导向"双查重，不仅检测文字重复率，而且审核研究结论是否符合社会主义核心价值观。2022—2024年通过严格管理，未发生学术不端事件，学生学术诚信知晓率达100%，形成"严谨治学、诚信为人"的学术文化。

五、实践育人体系：校地协同与能力提升

（一）社会实践与技能培养

1. 基地集群建设：四位一体的实践网络构建

学院建成"政行企校"四位一体的实践育人体系，形成覆盖全专业的实训基地集群，实现"教学—实践—就业"的无缝衔接。

（1）基地规模与功能分布

校外共建25个实践基地，包括眉州东坡（餐饮）集团实训基地（烹饪专业）、三苏祠文化实践站（旅游管理专业）、诺维奇电商产业园（电子商务专业）等，基地年均接纳实习学生700余人次；校内建设15个实训室，包含东坡菜研发中心、酒店管理模拟实训舱、会计电算化实训室等，配备VR烹饪模拟系统、电商运营仿真平台等设备，为学生提供沉浸式实践环境。

（2）实训成效与技能提升

学生年平均实训时长超400小时，实践技能与职业素养显著提升。

2022—2024年获各级各类技能大赛奖项80余项，其中党员学生获奖占比72%。例如，烹饪专业学生在"四川省高职院校烹饪技能大赛"中，以"东坡宴"创新菜品斩获省级一等奖，将传统工艺与现代烹饪技术结合，展现"工匠精神"与创新能力的融合。

2. 创新创业融合：从项目孵化到社会服务的延伸

学院将创新创业教育与专业实践、地方服务结合，构建"竞赛驱动—项目落地—反哺社会"的育人链条。

（1）"挑战杯"大学生课外学术科技作品竞赛与项目孵化

指导学生团队申报"从茶沫美学到产业蓝海：东坡点茶非遗技艺数字化传承驱动产业创新实践探索"项目，获全省一等奖，团队项目落地建设，设立"销售额10%反哺社区文化建设"机制，将商业盈利转化为社区的文化活动经费，实现"创业—育人—公益"的多重价值。

（2）乡村振兴服务实践

开展"乡村振兴会计服务"项目，组织会计专业学生为永丰村等5个村落提供财务风险防控培训。学生结合专业知识编制《农村家庭反诈手册》，通过案例讲解、现场演练等方式提升村民防骗意识，覆盖村民500余人次。

（二）组织育人成效彰显

1. 党团联动机制：党建引领下的协同育人实践

学院构建"党员教师引领—团员学生跟进—全员参与"的党团联动体系，将组织建设与育人活动深度融合。

（1）"1+3"结对模式与活动创新

实施"1名党员教师带3名团员学生"结对模式，开展"红色厨艺大赛""党史中的商业智慧"等特色活动20场。例如，党员教师在指导学生研发"长征主题创意菜品"时，同步讲述革命历史，将烹饪实训转化为党史学习教育场景。

（2）主题团日与品牌培育

团支部每月开展"东坡精神+时代使命"主题团日，2022—2024年累计开展800余次，形成89个优秀案例。如旅游管理专业团支部在三苏祠开展"东坡诗词接力讲解"活动，将文化传承与志愿服务结合。

2. 服务地方案例：专业能力与社会价值的统一

学院以地方需求为导向，推动学生将专业技能转化为服务地方的实际成效，形成可复制的育人范例。

（1）文化传播与旅游服务

旅游管理专业48%学生就职于东坡宋城文化旅游公司、三苏祠等本地企业，创新"东坡诗词+景点介绍"讲解模式。例如，学生在讲解东坡赤壁怀古遗址时，融入《念奴娇·赤壁怀古》诗词解读，使游客接待满意度提升15%，相关服务模式被景区列为标准化流程。

（2）企业服务与管理提升

会计专业学生为东坡文创店提供财务服务，通过建立收支台账、优化报销流程等措施帮助企业规范管理。某学生团队发现企业库存核算漏洞，提出"数字化库存管理方案"，为企业节约成本12万元，体现高职学生服务地方经济的专业价值。

六、育人成效与辐射影响

（一）人才培养质量提升

1. 就业率与地方服务深度融合

2022—2024年，学院毕业生就业率稳定在96%以上，其中43%就职于眉山本地企业，形成"培养—就业—服务"的本地化育人闭环。以烹饪专业为例，200余名毕业生成为东坡菜系传承人，在眉州东坡（餐饮）集团等企业中负责传统菜品研发与文化推广，其中党员毕业生牵头成立"东坡菜创新工作室",成功将3道传统菜品纳入企业标准化菜单,推动地方饮食文化的产业化发展。

2. 思政与技能培养双丰收

学生在省级以上思政相关赛事中表现突出,累计获27项奖项。例如,"东坡小厨"团队凭借"东坡菜系的文化传承与创新"项目将烹饪技艺与思政元素结合,在餐饮服务中展现"工匠精神",相关成果《围绕东坡饮食文化培育技术技能人才——眉山职业技术学院"三全育人"综合改革的探索与实践》被《中国教育报》专题报道。此外,旅游管理专业学生以"东坡泡菜"为主题创作的作品获四川省职业院校技能大赛一等奖,实现"专业技能—文化传播—思政教育"的三重提升。

3. 三位一体育人范式成型

学院通过"地方文化—专业技能—职业素养"的融合培养,形成特色育人范式。如酒店管理专业学生需完成"东坡待客礼仪"实训、"三苏家风"文化考核、酒店服务实操的"三维"培养,毕业时不仅掌握客房管理等专业技能,而且能独立策划"东坡文化主题宴会",职业素养测评优秀率达89%,用人单位满意度较普通院校同专业高出12个百分点。

(二)区域服务与经验输出

1. 地方文化传承与人才培训

学院成功申报四川省文旅厅非遗体验基地,构建"研究—培训—实践"的地方服务体系。

(1)人才培训

为地方餐饮、旅游行业、茶文化培训1200人次,开发"东坡菜系标准化制作""东坡点茶技艺"等培训课程,其中85%学员经考核后成为地方文旅产业的骨干力量。

（2）文化研究

师生团队参与调研整理东坡饮食文化典故 15 则，为当地景区设计"东坡文化体验路线"，年接待游客超 20 万人次，带动地方旅游收入增长 8%。

2. 育人模式的区域示范效应

（1）经验推广

绵阳职业技术学院等 14 所中高职学校学习借鉴"1+3+6"育人模式，相关制度文件（如《东坡文化融入课程标准》《校企协同育人实施细则》）被 6 所兄弟院校借鉴。某高职院校引入该模式后，将本地非物质文化遗产融入专业教学，毕业生本地就业率提升 15%，证明模式的可复制性。

（2）多家媒体报道：

《光明日报》《中国教育报》等国家级媒体相关报道 6 次，中国发展网、中国网等报道 4 次，四川省教育厅网、四川电视台等省级媒体报道 10 余次，市级媒体报道 10 余次。

第三节 "三全育人"视域下眉山职业技术学院旅游与财贸学院育人方法创新

一、基本思路

以习近平新时代中国特色社会主义思想为指导，深入学习习近平总书记关于教育的重要论述、在全国高校思想政治教育工作会议和对职业教育工作作出的重要指示精神，落实立德树人根本任务，围绕"培养什么人、怎样培养人、为谁培养人"的根本问题，根据《中共中央 国务院关于加强和改进新形势下高校思想政治工作的意见》《高校思想政治工作质量提升工程实施纲要》《教育部办公厅关于开展"三全育人"综合改革试点工作的通知》等有关文件精神，眉山职业技术学院旅游与财贸学院通过强化规划设计、坚持重点发力、加强资源支撑，结合旅游与财贸学院服务商业、旅游业专业的第三产业学科特征和人才培养实际，提升思想政治教育工作育人成效，形成与服务型行业特点相适应的"1+3+6"育人模式，即"一融入""三保障""六服务"育人模式，创新"三全育人"新格局，努力培养更多具有"东坡文化"特色的服务地方经济发展、服务第三产业的高素质服务型技术技能人才。

二、总体规划

结合旅游与财贸学院服务商业、旅游业专业的第三产业学科特征和人才培养实际，积极探索构建多维协同、内生驱动的与服务型行业特点相适应的"1+3+6"育人模式（如图7-1所示），强化基础、突出重点、建立规范、落实责任，不断把"三全育人"综合改革引向深入，努力提升人才培养的质量和水平，培养德、智、体、美、劳全面发展的社会主义事业合格建设者和可靠接班人。

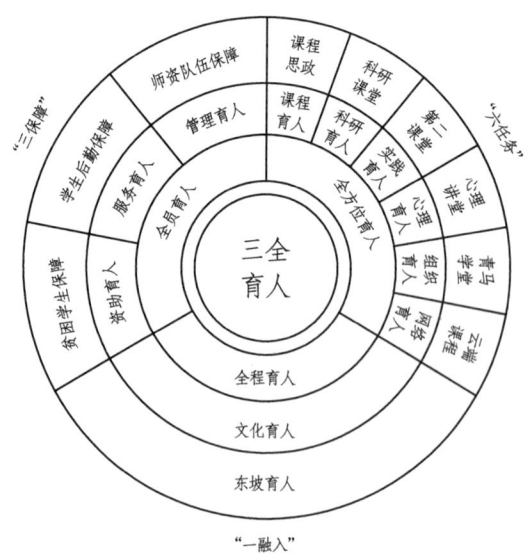

图 7-1　旅游与财贸学院"1+3+6"育人模式图

"1"是"一融入",即融入东坡文化,将东坡文化融入人才培养的全过程,这是描绘"三全育人"综合改革的"路线图"。以培育和践行社会主义核心价值观为主线,从学生进校开始,强化规划设计,完善"三全育人"改革的"四梁八柱"。

"3"是"三保障",即建立好教师队伍建设保障机制、学生后勤服务保障机制、贫困学生资助保障机制,推动育人工作全员参与,全力做好管理育人、服务育人、资助育人强基工程,这是打造"三全育人"综合改革的"同心圆"。加强政策支持和资源支撑,从政策资源、队伍建设和监督问效等方面为深化"三全育人"综合改革提供坚实保障。

"6"是"六任务",即抓好"课堂思政"任务、"科研课堂"任务、"第二课堂"任务、"心理讲堂"任务、"青马学堂"任务、"云端课程"任务,形成全方位育人格局,协同推进课程育人、科研育人、实践育人、心理育人、组织育人、网络育人,这是打好协同育人"组合拳"。增强育人环节互动性、主体联动性、内在耦合性,营造深层浸润的"三全育人"工作格局。

三、具体举措

(一)"一融入"具体举措(文化育人)

旅游与财贸学院坚持以立德树人为根本,将地方特色传统文化"东坡文化"融入育人全过程为主线,培育学生坚定理想信念、正确价值观念、高尚道德观念,充分挖掘"东坡文化"丰富深厚的内涵,做好大一学生"颂东坡"、大二学生"学东坡"、大三学生"做东坡"的"颂学做"整体设计,探索文化育人新模式,充分发挥文化育人功能,有力提升人才培养质量。

一是"颂东坡"。把"东坡文化"融入系部,营造专业环境氛围,制作文化展板、建设文化橱窗、设计文化走廊,使学生在进校后,能够时刻感受"东坡文化"的浓厚氛围,使环境育人功能得到充分发挥;在系部网站上开设"东坡精神家园"专题宣传,充分利用官网、微信公众号、抖音、快手等学生喜闻乐见的新媒体唱响主旋律,凝聚正能量,开办"东坡文化讲堂",邀请学术、文化、道德、企业名人与学生开展《东坡茶文化》《东坡饮食文化》《东坡廉洁从政》等立足各专业的特色讲座,制定大一学生苏东坡必背诗词10首的书目,包括《念奴娇·赤壁怀古》《定风波·莫听穿林打叶声》《江城子·密州出猎》《东坡》《水调歌头·明月几时有》《晁错论》《江城子·乙卯正月二十日夜记梦》《卜算子·黄州定慧院寓居作》《西江月·平山堂》《蝶恋花·春景》等,通过背诵诗句,理解东坡的爱国情怀、乐观心态、顽强意志等,让"东坡文化"浸润学生心灵,发挥文化渗透功能;让大一学生内心深种坚忍不拔、乐观向上、爱国爱民、探索创新的"东坡文化"的种子,认同东坡文化精神,在各自的专业领域找到与东坡相适应的精神谱系。

二是"学东坡"。首先,学院创新开展东坡文化"六艺"实践活动,通过"诵、画、写、讲、唱、演"6种方式,开展诵读东坡经典诗词、东坡水墨画比赛、东坡传奇征文比赛、东坡故事我来讲、东坡诗词我来唱、东坡情怀我来演等学生喜闻乐见的活动,使东坡文化深入人心。其次,学院坚持打造"东坡小厨"校园文化品牌,以"东坡小厨"为载体,辐射带动各专业共建"东坡"系列品牌,推进"眉州东坡川菜学院建设"。学院要求全系大二各专业学生均需学做一道东坡菜,包括"东坡肘子""东坡泡菜""东坡鱼""东坡肉""东坡泡菜"等,并通过学做东坡菜,推动"学东坡",促进东坡文化向各专业渗透,让学生在理解东坡文化精神的基础上,深入理解东坡文化精髓,自觉以东坡为楷模,将东坡精神融入专业学习和个人成长,实现文化传承与人才培养的有机融合,全面提升学生的文化素养和职业能力。

三是"做东坡"。在大三学生离校参与岗位实习动员会中,学院向大三实习生推介"东坡"系列企业,包括眉州东坡餐饮管理(北京)有限公司、三苏祠(含"东坡学院")、东坡宋城文化旅游发展公司、(东坡文创店)苏小咪（连锁店）等，鼓励他们在眉山市东坡区本地企业参与实习工作。在学生自愿选择实习岗位的基础上，引领学生善"做东坡"，传承东坡忧国忧民的民本思想，将"小我"融入社会建设的"大我"之中。针对在"东坡"系列企业工作的实习生，每周开展"五星东坡"评选活动，每月评选"道德之星""奋斗之星""服务之星""自强之星""敬业之星"，选出最能传承东坡精神的榜样，在系部网站上开设"做东坡"专题宣传栏，引导全体实习生向优秀学习和靠拢，促进"校园人"到"社会人"的平稳转变和快速过渡，培养更多具有"东坡文化"特色的服务地方经济发展、服务第三产业的高素质服务型技术技能人才。

（二）"三保障"具体举措（管理育人、服务育人、资助育人）

1. 管理育人

旅游与财贸学院将从建设技艺大师团队、打造人才建设高地、加强师德师风建设等方面，形成工作机制，充分发挥好管理育人功能，做好"三全育人"综合改革保障工作，夯实工作基础。

一是建团队。以已建设的吴长清中式烹调技能大师工作室、吴长清四川省劳模和工匠人才创新工作室、眉山市李倩技能大师工作室（茶艺）为依托与基础，按照学校岗位育人职责，注重党建引领，打造"党建+业务"的特色大师工作室，组建省级李倩茶艺工作室（党代表工作室，在建）、会计技能大师工作室[干红芳（省优秀共产党员）大师工作室，在建]、电子商务大师工作室（吴芙蓉大师工作室，拟建）、中式烹调大师工作室（陶斌鑫大师工作室，拟建）、西点大师工作室（雷琴大师工作室，拟建），打造一支党员先锋引领的"三产服务型"技艺大师团队。

二是筑高地。全面贯彻落实党的二十大中"深入实施人才强国战略……坚持党管人才原则，坚持尊重劳动、尊重知识、尊重人才、尊重创造，实施更加积极、更加开放、更加有效的人才政策""完善人才战略布局，坚持各方面人才一起抓，建设规模宏大、结构合理、素质优良的人才队伍""把各方面优秀人才集聚到党和人民事业中来"的论述①，秉持人才强系的思路，通过引入高层次人才，充实数量、优化结构、提升水平，深化"双师型"队伍建设，打造一支能适应服务第三产业的高素质服务型技术技能人才的育人教师队伍。

三是强师德。贯彻落实关于教育的重要论述，特别是关于教师工作的重要指示精神，把师德师风建设摆在首要位置，把思想政治素质考核作为选聘教师和教师评优的重要依据，加强教师队伍的政治理论学习，将中央、省市、学校各级党委重要会议精神传达到每一位教师，深入推进师德养成教育，引导教师以德立学、以德施教，以思想政治教育德，组建以入围四川省师德先进典型事迹的师德师风模范干红芳为核心的团队，开展师德师风专项课题研究，着力提高师德师风建设工作的科学性和实效性。

2．服务育人

为了进一步深化思想政治教育，旅游与财贸学院积极探索服务育人的新路径，将思想政治教育从课堂延伸至学生的日常生活之中，与后勤服务部、图书馆、医务室、学生工作部（安全保卫部）等多个部门紧密合作，通过"四着力"策略，构建起全方位、立体化的服务育人体系。

一是强化服务意识，体现师生需求。旅游与财贸学院联合后勤服务部建立常态化工作机制，将师生座谈会固定为每月例行活动，通过这一机制及时收集并回应师生对后勤服务的实际需求与意见建议。经过细致梳理问题清单，相关负责人分类施策，逐一解决，使每项诉求都能得到及时响应。党总支在此过程中发挥核心作用，通过专项检查强化问题解决的执行力，同时大力倡导以师生为中心的服务文化，动员全体教辅人员共同参与育人工作，形成思想政治教育的全员参与氛围。

---

① 习近平. 高举中国特色社会主义伟大旗帜 为全面建设社会主义现代化国家而团结奋斗——在中国共产党第二十次全国代表大会上的报告[R]. 北京：中国共产党第二十次全国代表大会，2022.

二是提升服务能力，构建一站式服务平台。借鉴学校一站式服务中心的成功经验，学院在系部层面建立了学生服务站，由辅导员指导，学生干部担纲，实行24小时值班制度，打造"朋辈之星"服务团队。这一平台不仅仅解决了师生学习生活中的实际问题，更在服务过程中融入了思想政治教育元素，通过朋辈间的互助与引导，实现了教育与实践的有机结合。在宿舍安全领域，学院创新性地引入辅导员与宿管结对机制，利用宿管与学生之间的亲近关系，开展生活关怀、心理疏导等工作，进一步拓展思想政治教育的空间与深度。

三是提高服务水平，强化健康管理。学院与医务室紧密合作，在各班级团支部设立"微型卫生站"，由生活委员负责日常健康管理，与医务室联合举办健康讲座，普及医疗知识，引导学生树立健康观念。特别是在特殊时期，学院注重培养学生的大局意识与团结协作精神，通过细致入微的人文关怀与心理疏导，构建了一个共克时艰、携手前行的思想政治教育新生态。

四是深化服务理念，促进内涵式发展。学院与图书馆合作，致力于推动"内涵式"服务育人。通过问卷调查等方式收集学生阅读兴趣，与图书馆共同优化藏书结构。同时，组建导读教师团队，定期举办读书沙龙，分享阅读心得，听取学生意见，开展诚信教育，引导学生形成良好的阅读习惯。这一系列举措不仅仅丰富了校园文化生活，更在潜移默化中发挥了图书馆的育人功能，构建了全员参与、全方位覆盖的大思政格局。

3. 资助育人

旅游与财贸学院将坚持以教育为导向、资助为手段、育人为目的，以"四相融"为抓手，构建物资帮助、道德浸润、能力拓展、精神激励有效融合的资助育人长效机制，真正解决贫困学生实际问题，做好相关帮扶工作，为贫困学生顺利求学做好保障工作，提升资助育人实效，助力学生全面发展。

一是以"评"相融,落实好物资帮助。学院全面贯彻落实教育部办公厅关于做好高校学生资助工作的一系列文件精神,结合学校相关资助工作文件,制定《旅游与财贸学院资助资金管理办法》,确保资助工作有章可循、有据可依。管理办法的制定有利于全体学生了解资助对象、资助标准、资金分配、资金发放的全面要求;同时,要求加强辅导员的资助业务工作培训,严格执行"三级评审、两级公示"制度,并长期开展资助工作问卷调查,全面掌握资助工作中的问题。

二是以"讲"相融,落实好道德浸润。学院积极利用新技术、新手段、新媒体讲好资助政策宣传、讲好资助故事,通过主题团日活动、主题班会等,以大二受助学生为骨干力量组建资助政策"微光宣讲团",在各班级广泛宣传资助政策,召开"诚信、自强、笃学、精业"校训学习分享会、"诚信"系列故事会等,倡导学生在资助活动中积极践行社会主义核心价值观,帮助学生树立远大志向,增强其学术契约精神和诚信意识,营造诚信励志、感恩奉献的良好氛围,"扶贫也扶志"。

三是以"课"相融,落实好能力拓展。在资助工作中融入劳动教育课、技术技能课,推动资助育人与劳动教育、专业教育相结合,培养学生正确的劳动价值观。以"勤工俭学"为抓手,对接校企合作开设勤工俭学岗,一方面促进学生专业能力的提升、更快适应企业发展,另一方面引导学生理解劳动才能创造价值,养成吃苦耐劳品质,"扶贫也扶智"。

四是以"行"相融,落实好精神激励。丰富精神激励的思想政治教育载体,引导学生行动起来,积极开展"学霸寝室"争夺赛、"学霸笔记"分享赛、"学霸计划"养成赛、"逐梦青春"国家励志奖学金榜样故事会、评选系部"十大励志人物"等活动,形成自强不息、励志笃学的良好氛围,全面推动资助育人工作。

第四节 "三全育人"视域下眉山职业技术学院旅游与财贸学院师生实践成果

会计服务乡村振兴视域下家庭财务风险防控调查研究
——以眉山市东坡区永丰村为例

团队学生：肖月、林魏、符红梅
指导老师：佘明英、袁娇、刘晓梅

摘 要：改革开放二十多年来，我国经济持续高速发展，城镇居民生活水平不断提高，由"温饱型"逐渐发展为"小康型""富裕型"。居民手中积累了一定的资金。如何使手中的金融资产更好地保值增值、如何更好地运用手中的资金改善生活、如何避免财产的损失，这些都是当下需要考虑的。我们大数据与会计调研团以"习近平总书记来川莅眉重要指示精神在眉山乡村振兴事业中的贯彻落实情况调研"为主题，对永丰村展开会计服务乡村振兴视域下财务风险防控调查研究，多维度、多视角地了解与掌握当前四川省眉山市东坡区永丰村村民财务风险防控、防电信诈骗等的具体情况和存在的问题与困难，提出针对性的意见。

关键词：反诈、防诈、家庭、财务风险

一、调研的基本情况

2022年6月8日，习近平总书记来到四川省眉山市东坡区太和镇永丰村考察调研，他指出，成都平原自古有"天府之国"的美称，要严守耕地红线，保护好这片产粮宝地，把粮食生产抓紧抓牢，在新时代打造更高水

平的"天府粮仓"。①经过调研发现，目前农村老龄化情况严重，永丰村居民老年人居多，在电信诈骗日益猖獗且诈骗手段繁多的当今，在农村进行反诈宣传刻不容缓，眉山职业技术学院大数据与会计调研团就此主题深入永丰村展开实地调研。

（一）调研目的

随着科技的发展和社会的进步，诈骗手段日益翻新，农村老人由于信息闭塞、认知有限，往往成为诈骗分子的主要目标。诈骗是农村家庭财务风险较为典型的一种，为了避免增加家庭财务风险，帮助村民提高反诈意识，学院组织大数据与会计专业的学生对永丰村村民进行走访并进行反诈宣传。

（二）调研对象

永丰村位于眉山市东坡区太和镇，村面积6.9平方千米。本次调研的对象有：永丰村村民、岷江现代农业示范园区工作人员、永丰村村委会工作人员及当地的经济专家。

（三）调研过程

调研活动分为三个部分，首先，以永丰村村民为主要调研对象，了解其基本情况。结合近年相关报道分析发现，随着网络意识的增强，大多数群众对"天上掉馅饼"之类的事情持谨慎态度，但是也有少数存在侥幸心理的人群。其次，以走访的形式就生活中的一些常见诈骗事件对调研对象的应对能力进行深入调查，调查结果参差不齐：有的防范意识很高，有的会因为防范不到位发生被诈骗事件。最后，通过实地走访永丰村的当地居民，同时与岷江现代农业示范园区工作人员、永丰村村委会工作人员以及当地经济学家进行交流，

---

① 新华社. 习近平在四川考察：深入贯彻新发展理念主动融入新发展格局 在新的征程上奋力谱写四川发展新篇章[EB/OL].（2022-06-09）. https://www.gov.cn/xinwen/2022-06/09/content_5694909.htm.

制定了提升永丰村村民的反诈骗、防诈骗的经济意识的方案,并通过组织一支以大数据与会计专业为主的志愿者团队开展实践活动,贯彻落实方案。

(四)调研方法

1. 文献研究法

文献研究法是一种通过查阅和分析文献资料来理解和解释某一领域的知识和情况的研究方法,通过对相关的文献资料进行收集、筛选、整理、分析和利用,得出对特定问题的认识和结论。在该项调研中,学生查阅了大量有关家庭金融、财务行为和风险金融资产投资等相关文献资料,并在永丰村实地调查时充分运用。

2. 入户调查法

入户调查法是指访问员到指定的被访者家中进行访问,直接与被访者接触,利用结构式问卷逐个问题地询问,并记录下对方的回答;或是将问卷交给被访者,说明填写要求,等待对方填写完毕,稍后再收取问卷的调查方式。

3. 访谈法

访谈法又称晤谈法,是指访问员通过和受访人面对面的交谈来了解受访人的意愿和实际情况的研究方法。因研究问题的性质、目的和对象不同,访谈法具有不同的形式。

二、取得的主要成效

此次调研面向大数据会计专业师生招募志愿者,经过自愿申报、笔试面试、岗前培训等,最终组建形成了一支50人的志愿者团队,团队名为"税改苏"乡村振兴家庭财务风险防控志愿队,既传承东坡文化精神,又体现团队专业特色,指出团队要实现的目标。团队面向永丰村村民开展了宣讲、团建、讲座等形式的活动,经过6个月,共计24次活动,实践团队取得了一定成绩。

（一）强化家庭理财观念，村民理财意识得以提升

实践活动后，明显感受到村民们的警觉性和识骗、防骗能力增强了，更为重要的是，村民们了解到了一些积极的财务行为，比如家庭记账、按时缴纳账单和合理安排开支等方式。此外，实践团队引导村民制定一个未来长期的财务规划，比如合理安排好生活花销，适当地保留一些存款以备不时之需等，增强村民的家庭理财观念。同时，通过参与各种形式的活动，村民们也逐渐明白了完善家庭保障机制的重要性，愿意通过购买家庭保险等方式增强经济保障，为家庭财产安全上把锁，让日子过得更舒心。

（二）普及多种诈骗形式，村民的辨诈能力提高

宣讲团队重点面向老人、妇女、残疾人、新农人等群体，通过开展网络安全宣传、电信网络防诈骗宣讲等活动，进行反诈调研和宣传，让他们更加深刻地认识到生活中存在的形形色色的诈骗形式。诈骗分子手段多种多样：有的通过互联网发送虚拟中奖短信实施诈骗；也有的以低价出售紧俏商品为噱头或发布虚假招聘信息，引诱受害人离开正规平台进行诈骗；还有的借熟人关系进行诈骗等。宣讲团队向村民讲解了这些诈骗形式，进一步提升了村民的防诈骗意识、维权意识和自我保护能力。同时，实践团队向永丰村村民们大力弘扬宪法精神，增强他们的法律意识，让他们学会用法律的武器来保护自己的财产安全。

（三）村民防诈意识提高，反诈宣传成效显著

在永丰村村委会，实践团队就地设点，向当地老年人宣传《中华人民共和国宪法》《中华人民共和国民法典》等法律法规，普及法律知识。同时以案释法，向大家讲解电信诈骗典型案例以及防诈知识，并进行了面对面讲解、提出问题、反诈知识小竞赛等现场互动。

通过多次调研宣传，村民们对于"投资理财""以房养老""保险代办""养生保健"等骗局的认识大大增加了（见图 7-2）。同时，他们了解到了诈骗分子很可能利用虚拟中奖信息、网络兼职或网购等方式诱骗他们进行银行卡转账，骗取钱财，所以不会轻信陌生人的电话和短信了，也不会向陌生人透露自己的身份信息、银行卡密码等重要内容。

同时，这也让一些受疾病困扰的老年人认识到，不能轻信诈骗分子鼓吹的所谓"神奇偏方"，而应前往正规医院接受科学治疗。此外，他们也意识到，那些打着免费送鸡蛋、小家电的幌子，推销"保健产品"或"治疗神药"的，大多是不法分子的骗局，必须提高警惕。

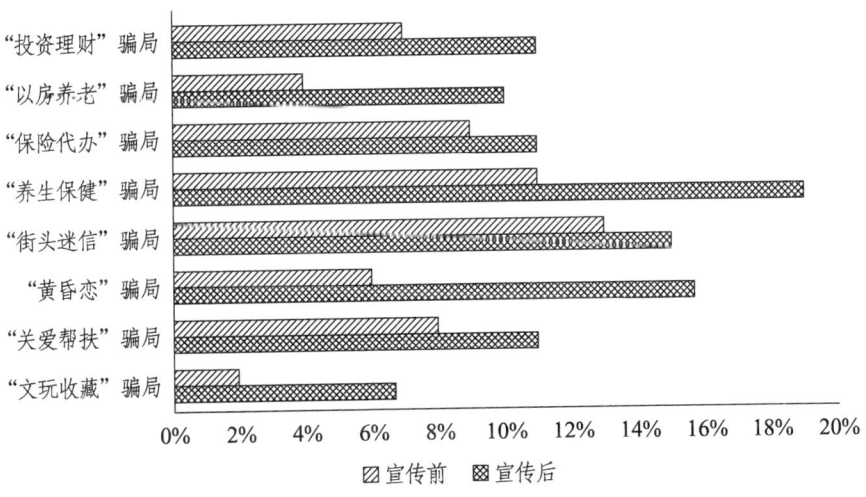

图 7-2 村民对于诈骗主要常见类型了解程度

三、存在的问题

（一）老年群众基数大，受诈风险较大

在中国这个拥有 14 亿人口的国家，老年人群体规模庞大，并非少数。国家统计局发布的最新统计数据显示，截至 2023 年底，中国家庭里有 60

岁以上老年人的超 1.1 亿户，60 岁及以上人口约为 29 697 万人，占 21.1%，其中 65 岁及以上人口为 21 676 万人，占 15.4%。随着时间的推移，这一数字还将继续上升。

随着科技的飞速发展，诈骗手法不断翻新，让人们防不胜防。诈骗分子利用人们的贪念、恐惧等心理，设计出各种看似诱人的陷阱。这导致防诈骗宣传的工作面临着诸多困难。

通过走访永丰村的老年人，实践团队了解到老人们获取防诈骗信息方式单一，内容少，甚至有很大比例的老人没有接受过系统的学习。据统计，永丰村有 31% 的老年人会通过新闻获取信息，24% 的老年人通过报纸、公告栏宣传进行了解，剩余的老年人对这类信息了解甚少，甚至根本不关注此类信息（见图 7-3）。

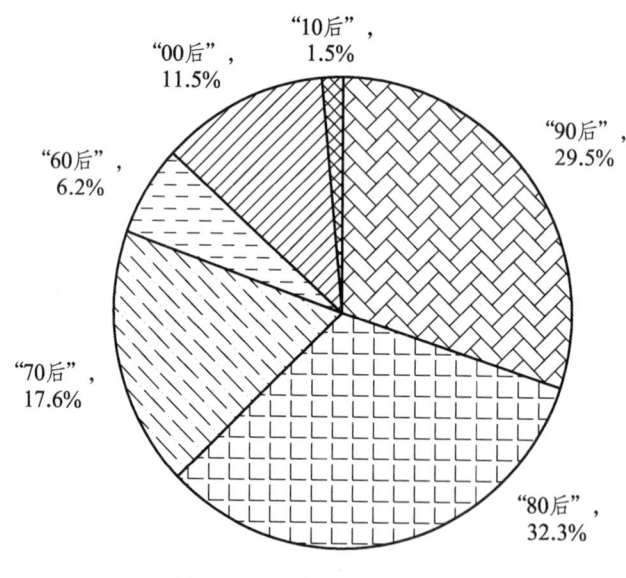

图 7-3 受骗人群年龄结构

调查显示，约一成受访者在过去三年中遇到过金钱诈骗。这部分群体在最近的一次被诈骗经历中，造成了经济损失的占 42.3%。电话诈骗的比例为 57.1%，短信和微信的比例为 33.7% 和 29.5%（见图 7-4）。从被诈骗的原因来看，"想赚钱"是最常见的心理因素（37.4%），"太相信自己的判断能力"（26.4%）、"从众心理"（25.8%）、"内心孤单"（10.4%）等也是导致受骗的重要原因（见图 7-5）。

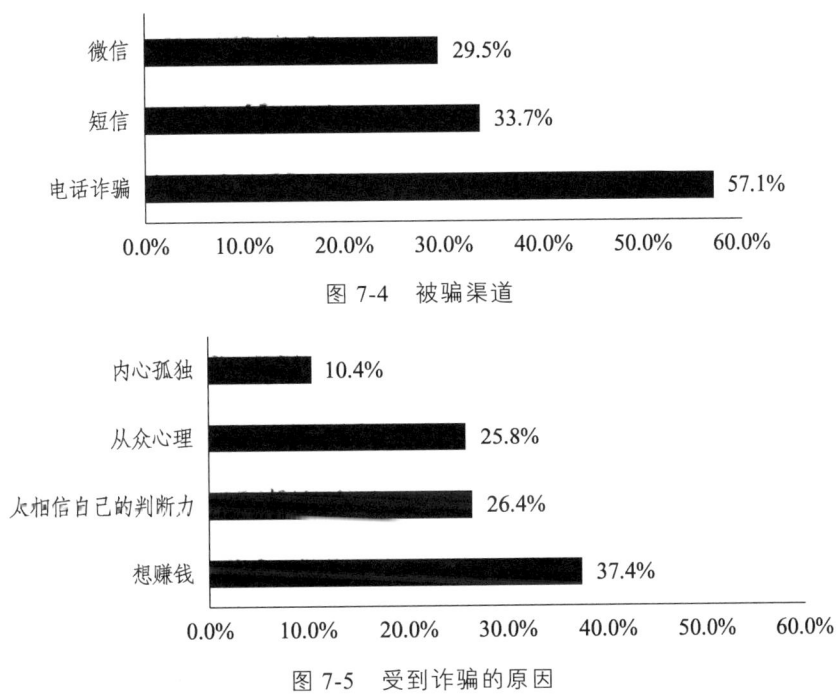

图 7-4　被骗渠道

图 7-5　受到诈骗的原因

（二）家庭理财方式单一，理财意识淡薄

据实践团队调查，随着改革开放之后我国经济的不断发展和人民生活水平的逐渐提高，家庭资产不断增加，越来越多的人开始关注财务管理。但由于我国家庭成员之间关系相对紧密，家庭资产通常集合在一起进行投资决策，家庭在整个生命周期内的规划中容易存在漏洞。比如理财方式单一，家庭理财主要以储蓄为主，没有将家庭的现金流进行合理规划；理财观念缺乏，拒绝进行财务规划，担心发生意外支出时资金周转不当等。

（三）乡村防诈工作宣传力度仍有不足

1. 宣传渠道有限

传统的宣传渠道如海报、宣传册等覆盖面较窄，且传播速度较慢，宣传氛围不够，群众知晓率不高，而诈骗信息则通过网络、电话等渠道快速传播，使得反诈宣传工作进度难以跟上诈骗信息的传播速度，且部分群众对新型电话诈骗的危害程度认识不足、防诈能力弱。此外，当前农村宣传内容多以说教为主，而且语言繁杂、内容众多，很多老百姓不仅不会主动去学去看，反而会对工作人员的宣传讲解产生厌烦情绪。

2. 人们对诈骗信息缺乏警惕性

老年人对诈骗信息缺乏足够的认识，容易被表面的诱惑所迷惑。他们往往抱着"我不会被骗"的心态，忽略了潜在的风险。这种心态使得反诈宣传的工作难以深入人心。从调研情况来看，尽管大部分群众都接受过反诈宣传，但是还远远未达到全覆盖、无死角的程度，例如国家反诈中心 App 的总体注册率仍然较低，反诈宣传覆盖面还有很大的提升空间。此外，农村地区在家生活的多为老年群体，大部分无智能终端设备获取信息，即使采用线上方式在各媒体官网、公众号进行宣传，老年群体也无法接受宣传，导致农村老年人被骗的情况时有发生。

3. 法律监管存在漏洞

虽然国家已经出台了一系列法律法规来打击诈骗行为，但在实际执行过程中仍存在一些困难。一些诈骗分子利用法律漏洞，继续从事违法犯罪活动。

为了提高人们的防诈骗意识，我们需要不断更新宣传内容，拓展宣传渠道，加强法律监管力度，同时提高人们对诈骗信息的警惕性。只有这样，才能有效地遏制诈骗行为的发生，保护人民群众的财产安全。

第七章　高职院校"三全育人"的建设实践成果和案例方法

四、针对性的建议

（一）积极应对人口老龄化，降低家庭财务风险

我国老年人口数量庞大，老龄化速度快，应对人口老龄化任务繁重。习近平总书记指出："满足数量庞大的老年群众多方面需求、妥善解决人口老龄化带来的社会问题，事关国家发展全局，事关百姓福祉。"①"十四五"规划提出，"实施积极应对人口老龄化国家战略""发展银发经济，开发适老化技术和产品，培育智慧养老等新业态"。在应对人口老龄化的过程中，我们每个家庭都要树立风险意识，降低家庭风险。

家庭风险包含人身风险、财务风险、责任风险、养老风险、重大疾病风险、子女教育风险等，为预防这些风险的发生，有必要对其进行管理。例如，家庭成员应当重视家庭财务管理，建立家庭财务预算，控制家庭开支，积极防范和化解家庭财务风险；家庭成员应该重视家庭健康管理，成员应通过合理膳食、适度运动、定期体检等方式，保障家庭成员的身体健康，降低家庭的健康风险，家庭成员也应该重视家庭安全管理，成员应通过安装安全设备、规范用电用火、注意家庭隐患等方式，保障家庭成员的生命财产安全，降低家庭安全风险。

（二）制定合理的家庭理财规划

在家庭的每个阶段，理财策略也不尽相同，应根据家庭的整个生命周期制定一个长远的、合理的、多元化的理财规划。家庭生命周期是指包括家庭形成期（建立家庭生养子女）、家庭成长期（子女长大就学）、家庭成熟期（子女独立且事业发展到巅峰）和家庭衰老期（退休到终老）在内的整个过程。在生命周期的不同阶段，家庭发展的特征、需求与目标也是不同的，每个家庭应根据自身所处的阶段来配置自己的资产。

---

① 《求是》编辑部. 新时代人口高质量发展的根本遵循[EB/OL]. （2024-11-15）. http://www.qstheory.cn/dukan/qs/2024-11/15/c_1130219270.htm.

（三）加强乡村反诈宣传力度

1．充分利用村组宣传栏、微信群、传统媒体和新兴媒体等

我们可以通过广播、大学生入户等方式宣传正确的家庭理财知识，进一步提升家庭理财观念和家庭保障规划；广泛开展有针对性的宣传防范工作，引导群众保护好个人信息、减少个人信息外泄、避免点击不明链接等；实行网格化管理，由各级村（社区）民（居）委员会负责对辖区内老人、妇女和儿童等弱势群体定期开展面对面宣传，积极提高思想警觉，坚决做到"不听、不信、不转账"，发现信息泄露、资金冻结等异常情况，或发现诈骗犯罪线索及时报警，不给网络诈骗留机会。

2．创新宣传方式，深入走访，开展预防新型电信诈骗宣传工作

相较于说教式的讲解和宣传，群众更喜欢案例式宣传方式，比如悬挂"警情通报式"横幅、推送真实被骗案例的短信，这些宣传内容都可以起到事半功倍的效果。

3．推进国家反诈 App 软件的使用

应进一步加强国家反诈中心 App 的推广普及工作，让绝大多数群众都安装注册，最大限度预防和减少诈骗案件的发生。加强与教育部门的协调沟通，通过"小手拉大手"的方式让防骗知识传至千家万户。

针对农村地区老年人群体，要充分利用广播、入户流动宣传等方式进行反诈知识宣传，或者有针对性地对村上的老年群体上反诈培训课，引导教育老年群体提升打击治理电诈犯罪的防范意识。

（四）加强部门联动

各乡镇、村社区要认真落实主体责任，按照规定主动开展反诈骗宣传，助力电信网络诈骗犯罪打击防治理工作，全力构建"全民反诈、全社会反诈"的新格局。

结　语

开展乡村防诈骗宣传工作，必须立足实际采取灵活多样的方式，通过多措并举全面提升村民的防骗意识和识诈能力。要耐心细致地推进宣传教育工作，确保防诈骗知识入脑入心，让每位村民都能学懂弄通、真知真会。

新时代新征程，在党的领导下，一代代农人坚定不移沿着习近平总书记指引的方向坚定前行，全力打造宜居宜业和美乡村，绘出乡村振兴好风景。

东坡茶文化旅游助力乡村振兴调查研究
——以眉山市东坡区永丰村为例

团队成员：杨婧、杨晓英、朱学娇

指导老师：赵兴伦、肖娴、杨光辉

摘　要：在乡村振兴战略的大背景下，东坡茶文化旅游作为融合中华传统优秀文化与现代休闲方式的创新路径，展现出独特的魅力和潜力。为了解东坡茶文化的基本资源和现有开发状况，挖掘提升乡村人文价值，用文化引领激活乡村发展新动能，我们旅游管理、酒店管理与数字化运营专业调研团前往永丰村针对永丰村乡村旅游产业进行调研，针对当前现状，提出了推动乡村振兴的举措。

关键词：东坡茶文化、旅游、乡村振兴

一、调研背景

万里寻茶道，东坡借东风。党中央强调，要推动乡村产业振兴，紧紧围绕发展现代农业，围绕农村一二三产业融合发展，构建乡村产业体系，实现产业兴旺，把产业发展落到促进农民增收上来，推动乡村生活富裕。

茶产业作为我国农业的重要组成部分，凭借其悠久的文化底蕴与广泛的市场需求，成为促进农民增收、助力乡村振兴的有效手段。它不仅能够增加农民的经济收入，而且承载着传承与发展中华茶文化的重任。与此同时，旅游业作为国民经济中融合力与催化力最为显著的产业之一，其强大的带动作用能够有效推动传统产业的延伸与跨界融合，为茶产业注入新的活力，通过茶文化旅游等新兴业态，进一步拓宽农民增收渠道，实现产业间的良性互动与共同发展。茶旅融合发展对弘扬茶文化，推动乡村文旅产业发展，进而助推乡村振兴具有非常重要的牵动作用。

2022年6月8日，习近平总书记来到眉山市东坡区太和镇永丰村考察调研，看到了永丰村通过高标准农田脱贫致富与一路建设美丽永丰的硕果，深刻感受到永丰村的变化，坚定了科技支农、文化兴农的理念。[①]永丰村位于眉山市东坡区太和镇，距成都市60千米，村面积6.9平方千米，耕地面积6320亩，建有高标准农田3100亩，连片规模种植1500亩，是全省标准化程度最高的高标准农田示范样板之一。据了解，永丰村有5位种粮大户承包土地在500亩以上。

二、东坡茶文化与旅游

俗话说：开门七件事，柴米油盐酱醋茶；文人七件宝，琴棋书画诗酒茶。茶在古人生活中不可或缺。无论是平民百姓还是文人雅士，都爱这一缕茶香。大文豪苏东坡，自然也不例外。他一生嗜茶，饮茶成癖，是一个不折不扣的"茶痴"。"从来佳茗似佳人"，苏东坡是这样形容茶的。优质的茶叶，好似"洗遍香肌粉未匀"的美人，令人神魂颠倒，情不自禁。

东坡故里茶文化发展势头强劲，当地全面贯彻落实习近平总书记"要统筹做好茶文化、茶产业、茶科技这篇大文章"的重要指示精神，致力于全力推进

---

① 新华社. 习近平在四川考察：深入贯彻新发展理念主动融入新发展格局 在新的征程上奋力谱写四川发展新篇章[EB/OL].（2022-06-09）. https://www.gov.cn/xinwen/2022-06/09/content_5694909.htm.

"东坡一杯茶"这一标志性工程,旨在通过科学规划与管理,显著提升茶叶的标准化种植水平。东坡区积极筹建并优化茶叶种植基地,重点引入先进种植技术,通过科技创新驱动产业升级,不仅确保茶叶从源头上的高品质与安全性,而且丰富了茶叶品种,提升了产品的附加值与市场竞争力。同时,当地也致力于建构一个集研发、生产、加工、销售于一体的现代化茶产业体系。茶产业的兴盛,拓展了农村经济的发展空间,拓宽了农民就业的渠道。东坡茶文化不仅给消费者带来了唇齿留香的享受,而且带动了当地旅游文化的繁荣发展。

三、存在的问题和困难

(一)对东坡茶文化在旅游业中的价值认识不够

东坡茶文化对城市旅游发展的价值,不仅仅体现在作为城市旅游资源带来的直接经济价值,更在旅游基础设施、城市形象和产品品牌等方面具有不可估量的连带价值,这必将为旅游目的地带来长远利益。目前,东坡茶文化作为一种文化资源已经存在,却尚未与旅游业实现良好结合。事实上,旅游业是传播东坡茶文化的有效手段——旅游业的发展水平越高,对东坡茶文化的挖掘就会越深入、越彻底,方式也会越多样化。反之,若缺乏旅游业发展的需求驱动,东坡茶文化的价值就很难得到彰显。总之,东坡茶文化旅游发展与本地得天独厚的东坡茶文化资源不甚匹配,关于东坡茶文化的旅游项目少之又少。

(二)专业技术设施和服务不成熟

东坡茶文化旅游重视的是游客物质享受之外的精神体会。这种精神体会的效果不仅仅取决于游客自身素质的高低,更与旅游服务的专业水平息息相关。专业导游人员的适时引导和深入浅出的讲解,既能让游客收获知识,又能使其心情愉悦。然而,当前东坡茶文化旅游领域缺少专业的讲解员,也没有针对线路专门设计解说词和导游词。这导致即便游客来旅游,也很难有机会深入了解东坡茶文化，进而严重削弱了游客对其深入探索的兴趣。此外，茶旅融合发展还面临缺乏创新意识的问题，只有不断创新与改进，才能更好地满足游客的需求，提高企业的竞争力。

四、针对性建议

（一）树立正确观念，重视东坡茶文化在旅游中的作用

由于缺乏对东坡茶文化价值的充分认识，举办茶文化活动都更偏向于注重茶叶的经济效益。以"茶博会"为例，主题都是茶叶贸易及旅游购物。虽然看似茶叶与旅游也有联系，但是这种联系很浅显，主要是以茶叶展示带动参展人数，进而促进展会的旅游特产销售，带动地方经济的形式。这种方式使得"茶博会"的后续效应十分微弱，更不可能真正带动当地旅游业的发展。我们应该深刻认识到，文化才是旅游的灵魂，旅游的本质属性是文化属性，不同地域的文化差异才催生了人们旅游的动机与行为。所以我们要拓展思维，转变观念，重视东坡茶文化在旅游中的作用。

（二）加强东坡茶文化旅游的宣传推广

在宣传东坡茶文化时，可以通过多种渠道和形式，宣传东坡茶文化旅游的特色和魅力，吸引更多游客前来体验；可以加强与旅游机构的合作，推出更多优质的东坡茶文化旅游线路和产品，满足游客的多样化需求；可以提升东坡茶文化旅游的服务质量，加强从业人员的培训和管理，提高他们的专业素养和服务意识；可以完善旅游设施，提升游客的旅游体验；还可以加强游客的参与度和互动性，让游客更加深入地了解东坡茶文化的内涵和价值。

（三）注重茶文化旅游的可持续发展

在开发东坡茶文化旅游资源的过程中，既要注重保护生态环境和文化遗产，避免过度开发和破坏，又要加强与当地社区的沟通和合作，促进地方经济的可持续发展。

第七章 高职院校"三全育人"的建设实践成果和案例方法

东坡茶文化旅游具有广阔的发展前景和巨大的潜在价值。通过加强宣传推广、提升服务质量和注重可持续发展等措施的实施,我们相信东坡茶文化旅游一定能够迎来更加美好的明天,为游客提供更加丰富多彩的旅游体验,为地方经济的繁荣和文化交流的发展作出更大的贡献。我们也将继续关注东坡茶文化旅游的发展状况,不断完善和更新我们的调研成果和建议,为东坡茶文化旅游的持续发展提供有力的支持和保障。

五、实施思路

以茶兴业、以茶富民,一场以茶为媒,兴产业、富百姓的生动实践正悄然展开。以"东坡一杯茶"为品牌的不仅仅是一句悠扬的口号,更是撬动群众致富新杠杆的实际行动,它像一股清泉,滋养着这片土地,激活了乡村振兴的一池春水。

(一)茶叶种植为绿色基底

东坡区,坐拥得天独厚的自然条件,雨量充沛,气候温和,土壤肥沃,是茶树生长的理想之地。目前,全区茶叶种植面积已达 3.5 万亩,一片片翠绿的茶园如同翡翠一般镶嵌在青山绿水间,不仅仅美化了乡村环境,更为当地经济发展奠定了坚实的绿色生态基底。茶农们在这片希望的田野上辛勤劳作,精心培育着每一株茶树,期待着它们能化作一杯杯香气四溢的好茶,走出大山,走向世界。

(二)品牌打造为文化赋能

"东坡一杯茶",这个名字本身就蕴含着深厚的文化意蕴。苏轼,号东坡居士,他以中国历史上著名文学家、书法家、画家的身份为人们所熟知,但他其实还是一位深谙茶道之美的文化大家。东坡区巧借名人效应,深入挖掘东坡文化与茶文化的内在联系，通过精心策划一系列富有创意的品牌推广活动，如茶文化节、茶艺表演等，将"东坡一杯茶"打造成为集文化、品质、健康于一体的知名茶叶品牌。这不仅仅提升了东坡茶的知名度，更让人们在享受名茶之时感受到东坡文化的独特魅力。

（三）产业发展为规模标准

在"东坡一杯茶"的品牌引领下，东坡区茶叶产业逐渐走向了规模化和标准化发展。政府积极引导茶农成立专业合作社，实现土地流转，推动茶园连片种植，提高土地利用效率；同时，引入先进农业技术和管理模式，在茶叶种植、采摘、加工等各个环节实施标准化管理，确保茶叶品质稳定。此外，政府鼓励茶园大力发展茶叶深加工，提升产品附加值，延长产业链，形成集种植、加工、销售、文化旅游于一体的茶产业综合体系。这一系列举措，不仅有效促进了茶农增收致富，而且带动了当地农村经济其他产业的共同发展。

（四）乡村振兴为促进共富

"东坡一杯茶"的成功打造，不仅仅是茶产业向前发展迈出的一大步，更是乡村振兴战略在田间地头的一大步。它让原本默默无闻的乡村，因茶而兴，因茶而美，因茶而富。随着茶产业的蓬勃发展，越来越多的村民加入茶叶种植和加工的行列中来，他们的经济收入得到了显著提高。同时，茶产业的发展还带动了乡村旅游的兴起，吸引了大量游客前来观光游览，进一步促进了当地经济发展的多元化。在这个过程中，村民们不仅仅收获了物质上的财富，更收获了精神上的满足和自豪。

六、具体举措

在东坡文化的深厚底蕴与现代科技的交融碰撞下，"东坡一杯茶"品牌不仅仅承载着千年茶韵与传统文化传承，更迈出了向现代化、数字化转型升级的坚实步伐。这一转型的核心载体——"新业态茶园及茶叶数字产业集群园区"的建设，以七个模块内容引领着东坡区乃至整个茶叶产业迈向一个新的发展阶段，下一步，永丰村将在已有的水稻种植基础上，持续开发茶产业链条，加持打造新型产业链。

（一）新业态茶园

开发绿色生态与先进科技相融合的新业态茶产业园，结合智能化灌溉系统、病虫害远程监测与防治技术，实现茶园管理的精准化和高效化。同时，倡导生态种植理念，通过生物多样性保护、有机肥料使用等措施，在保护茶园生态环境的同时，保证茶叶的品质与安全，让消费者放心。

（二）茶叶数字产业集群园区

茶叶数字产业集群园区将成为园区的核心区域，将研发、生产、销售、物流等功能融于一体。区块链技术帮助建立茶叶追溯系统，确保每一片茶叶都"有迹可循"，从茶园到茶杯的全程透明可追溯；互联网技术则让茶叶的生长环境、加工过程等信息实时展现在消费者眼前，提高了品牌的信任度；搭建电商直播平台和智能仓储配送系统等，拓宽了茶叶的销售渠道，提高了物流效率，实现了茶叶产业的线上线下融合发展。

（三）产业集群专项发展基金

为了保障园区建设及后续发展的资金需求，园区内设立了产业集群专项发展基金。该基金不仅能为入驻园区的企业提供低息贷款、风险投资等金融支持，而且会通过定期与不定期结合的方式，举办创业大赛、创新项目比赛，鼓励和支持茶叶产业链上下游的创新开发，为园区注入源源不断的创新活力，促进园区长久发展。

（四）客户接待服务中心与展示体验店和茶交所

园区内还应设有客户接待服务中心，作为提供咨询、接待、会务等一站式服务的窗口，让每一位访问园区的消费者或企业都能感受到园区的热情与专业。而展示体验店和茶交所更是让消费者近距离感受"东坡一杯茶"魅力的重要场所。在这里，消费者可以品尝到各式各样高品质的茶叶，了解到茶叶背后的制作工艺与其隐含的文化故事，还能参与到茶叶的交易中，享受购茶的乐趣。

（五）产业集群联盟及基地运维公司

园区内成立产业集群联盟及基地运维公司，旨在通过资源整合，实现信息共享和协作共赢，推动整个茶叶产业集群的协同发展。联盟成员除了茶叶种植户和加工企业之外，还包括茶叶销售商、科研机构等，多种主体共同商讨、制定行业标准，以共享市场资源、联合研发创新，形成一个紧密合作、相互依存的产业生态体系。

（六）产业集群资源平台

现代化产业的发展离不开信息化建设。园区内为整合信息资源，建设了产业集群资源平台。这个平台集合了包括市场需求、技术动态、人才供给等整个茶叶产业链的各类资源信息，无论是个人还是厂商，都能通过该平台进行信息查询和交流合作，极大提高了信息寻找和信息处理的效率。该平台的建设，使企业可以更加精准地把握市场动态，优化资源配置，从而提高市场竞争力。

（七）"政府+公司+集体经济组织+农户"模式

在整个园区的建设过程中，"政府+公司+集体经济组织+农户"的协同发展模式发挥了重要推动作用。具体而言，政府提供政策支持和基础设施保障；公司负责园区的整体运营和市场开拓；集体经济组织协调各方利益；农户则是最直接的参与者和受益者，他们通过参与茶叶种植、加工等环节，实现增收致富，改善生活质量。这种多方协作共赢的模式，为园区的持续健康发展奠定了坚实的基础。

第七章 高职院校"三全育人"的建设实践成果和案例方法

结　语

感受时代变局，担当吾辈重任，千年夙愿今圆梦，乡村振兴谱新篇。眉山职业技术学院的旅游与财贸学院永丰村调研团，围绕实践所得，总结出永丰村发展成果，形成发展方案，召开了座谈会。通过本次调研活动，调研团观察到永丰村脱贫攻坚、乡村振兴的成果，同时从科技、文化和思想层面，提出了推动乡村振兴进一步发展的建议。作为新时代的青年，面对百年未有之大变局，应该以永不懈怠的精神，一往无前的姿态，勠力同心书写乡村振兴新篇章，在乡村振兴中讲好"青春故事"。

乡村振兴背景下农副产品电商直播的现状及问题调查研究
——以眉山市东坡区永丰村为例

团队学生：王玉红、王丽、陈柯瑞

指导老师：刘莎莉、肖娴、丁盛

摘　要：习近平总书记在陕西省柞水县小岭镇金米村考察脱贫攻坚情况时表示，电商作为新兴业态，既可以推销农副产品、帮助群众脱贫致富，又可以推动乡村振兴，是大有可为的。直播电商作为新时代下全面推进乡村振兴的关键抓手和重要力量，正以前所未有的活力与创造力，为广袤农村地带带来新的经济增长点。它不仅搭建了农产品与消费者之间的直通车，而且带动了农村就业创业，促进了乡村产业结构的优化升级。眉山市东坡区永丰村作为全省规模最大的水稻新品种新技术中试基地和经济强村，一直积极探索直播电商赋能乡村振兴。眉山职业技术学院旅游与财贸学院电子商务和市场营销专业学生在指导老师的带领下来到永丰村进行实践调研，在深入了解永丰村电商直播的现状及问题的基础上,制定了一系列的针对性改进措施,为乡村振兴贡献青春力量。

关键词:乡村振兴、农副产品、电商直播

一、调研背景

2017年10月18日,党的十九大报告指出,农业农村农民问题是关系国计民生的根本性问题,必须始终把解决好"三农"问题作为全党工作的重中之重,实施乡村振兴战略。2022年10月16日,党的二十大报告中再次强调"坚持农业农村优先发展""加快建设农业强国",乡村振兴是促进城乡均衡发展、推进农业现代化建设的重要战略部署。

数字经济时代发展的当下,全面推进乡村振兴离不开信息化等新兴技术手段。2020年4月20日,在陕西考察的习近平总书记来到柞水县小岭镇金米村的直播平台前,点赞当地特产柞水木耳,成了"最强带货员"。他强调,电商不仅可以帮助群众脱贫,而且还能助推乡村振兴,大有可为。①直播电商作为新兴产业,在新时代背景下能够为全面推进乡村振兴战略注入新动力和新活力,为农村经济发展开辟出一条全新的增长路径。这一创新模式不仅仅有利于改变农产品的传统线下销售模式,更重要的是能够跨越地域限制,让农产品销售直接面向全国乃至全球消费者,极大地拓宽了市场销售渠道,为农民增收致富开辟了新路径,激发了农村经济的新一轮增长潜力。

在政府帮扶和人才回村的前提下,直播电商成为推动农村多元化经济结构转型的重要推手。直播镜头下,农民不仅能够展示农产品的生长环境、种植过程,让消费者足不出户就能观其全貌,了解产品的生产链,而且能将乡村的自然风光、民俗风情等特色资源呈现给广大网友,从而巧妙融入

---

① 田晓丽. "史上最强带货"红遍全网:电商扶贫按下快进键[EB/OL].(2020-04-27). http://m.people.cn/n4/2020/0427/c1545-13904609.html.

乡村旅游的推广，吸引更多城市游客前往乡村体验这独一份的岁月静好。这种"农产品+乡村旅游"的融合发展模式，不仅丰富了农村经济业态，促进了农业与旅游业的深度融合，而且有效增强了农村经济的抗风险能力，使得乡村在面对市场波动时能够更加从容应对，实现可持续发展。

永丰村位于眉山市东坡区太和镇，是四川省规模最大的水稻新品种新技术中试基地。作为当地著名经济强村，永丰村不仅拥有完善的基础设施、完整的产业链条、悠久的历史文化，而且一直积极地探索新的经济增长点。2023年6月，永丰村综合服务中心"永丰里"与岷江现代农业示范园区"科技小院"正式建成，永丰里和科技小院中的电商助农直播间也正式投入使用。为进一步了解永丰村的电商直播的现状，分析其中可能存在的各类问题，并相应地制定针对性措施以及时改进，为乡村振兴贡献青春力量，眉山职业技术学院旅游与财贸学院电子商务和市场营销专业学生组建"苏小咪"志愿服务队来到永丰村进行实践调研。

二、永丰村农副产品电商直播的现状

（一）直播设施设备情况

永丰里助农直播间拥有直播摄像机、话筒、大型补光灯、电脑等专业设施，这些设施固然为直播提供了专业且完善的硬件支持，但较难上手，通常更加适合专业电商人才使用。相较而言，科技小院中的电商助农直播间设备则较为简易，拥有直播手机、环形补光灯、电脑等基础设施，轻便易上手，农户也可以快速开播，同时更加方便主播深入田间地头。两种直播间从设备和服务主体方面相互补充，通过"专业化人才+农户"的形式实现多元化直播，满足不同消费者需求。

（二）直播农副产品的品种及品质

永丰村的农副产品种类丰富，品质优良，主要包括各种新鲜蔬菜、水果、禽蛋、肉类等。农户们通过精心种植和养殖，严格把控产品的品质和口感。在直播带货的过程中，农户们会详细介绍产品的种植或养殖过程，让消费者更加了解产品的品质和特点。除此之外，永丰里供销社中还有永丰村特色产品，如永丰大米、永丰米花糖、永丰醴以及文创产品等。

（三）直播运营现状

永丰里助农直播间由于设备使用难度高，在缺乏专业电商人才的情况下，使用频率偏低，未能得到充分利用。而科技小院中的电商助农直播间作为眉山职业技术学院旅游与财贸学院电子商务和市场营销专业学生的实践教学基地，学生会定期在此进行直播实践活动，根据实践任务，围绕永丰村的生产、旅游、农产品、农技科普四大模块内容，按照农作物的生产周期进行农事活动的直播和短视频拍摄。这些实践活动不仅有效宣传与推广了永丰村的产业产品，而且为乡村振兴贡献力量。目前已成功开展直播10余场。在实践团队成员的带领下，永丰村的许多农户已经开始尝试利用电商直播来销售自己的农副产品。他们通过手机，在如淘宝、京东、拼多多、抖音及快手等短视频平台进行直播带货。农户们通过直播展示自己的产品，与消费者进行互动，吸引更多人购买。

（四）直播效果

在永丰村这片土地上，电商直播带货的浪潮正以前所未有的力量，悄然改变着这个传统村落的面貌，为推动乡村振兴注入强大动力。

1. 产品推广

直播带货的兴起，让永丰村的农副产品不再只有线下销售这条单一道路，而是打开了线上这扇通往广阔市场的大门。主播们发挥他们的个人特色，用专业的讲解话语，通过直播镜头将这片土地上的每一分耕耘与收获都呈现在消费者眼前。无论是金黄的稻田，还是硕果累累的果园，抑或是手工制作的特色小吃,高清的直播画面捕捉每一个细节,生动而真实地展现在消费者眼前。而这种直观、互动的方式,不仅仅让消费者能够亲眼见证产品的品质与新鲜度,更在无形之中搭建了生产者与消费者之间信任的桥梁。直播电商的又一大亮点是实时交流。在直播时,主播能够看到消费者的疑问并及时进行解答,消除他们的顾虑,这种方式能够取得消费者的信任,并增强他们的购买意愿,使得永丰村的产品销量节节攀升,品牌知名度也随之水涨船高。

2．文化宣传

直播带货不仅仅是商品的简单展示与销售,更是一场不同文化之间的交流与传播。当前消费者在进行商品交易时,不光在意产品本身的使用价值,还关注其背后隐含的文化价值。主播和农户们在直播产品时巧妙地融入了永丰村的历史故事、风土人情和农耕文化,让商品不仅是商品,每一件商品都承载了深厚的文化内涵。农户在讲述农产品的种植的过程中,往往夹杂着勤劳质朴的生活哲学分享,这些人生哲理让消费者既能认识产品,又能感受到那份来自乡村的温暖与纯真。这样的文化宣传,不仅有利于提升产品的附加值,而且能够唤起人们心中对于乡愁的那份记忆,激发人们对乡村生活的向往与探索,吸引大批游客前来永丰村感受乡村文化的魅力。

3．降本增效

直播带货模式的引入,通过直接连接生产者与消费者,打破了传统销售从生产者到厂商再到消费者的局限性,在一定程度上缩短了销售链条,降低了中间环节的成本。农户们不再需要依赖中间商,而是通过物流平台就能将产品直接送到消费者手中,从而获取更高的利润空间。同时,对于消费者而言,直播带货也提供了更加便捷的购物体验,消费者足不出户就可以轻松浏览商品,享受实时优惠,对于当下年轻人快节奏、忙碌的生活而言,大大减少了选择成本和购物时间。这种互惠互利的局面,不仅促进了永丰村经济的快速增长,而且有利于助推乡村振兴全面发展。

三、永丰村农副产品电商直播的问题

（一）直播基地建设不完全

永丰村的电商直播带货产业相较其他产业而言，仍然处于萌芽阶段，未构建起规模化、标准化的直播基地。目前，村内仅有的两处直播间空间狭小，限制了大型直播活动的开展，其硬件设施与软件设备也有待升级完善，以满足现代电商直播对高清画质、流畅互动及高效管理的要求。这些基础设施设备条件的不完善，导致永丰村的电商直播在吸引企业入驻和人才吸纳方面显得力不从心，也在一定程度上使得大部分直播内容局限于简单的产品推广，销售潜力尚未得到充分挖掘，更不用提打造出具有影响力的直播账号。因此，农产品的线上销售渠道实际上还未全面打开，村民增收致富还拥有更广阔的前景，永丰村的电商经济也有待进一步发展。

（二）直播人才培养不充分

1. 人才储备不足

在新时代浪潮的影响下，城市能够为年轻人带来更好的就业机会、社会保障与生活品质，因此大部分年轻人都选择留在城市，不愿走回农村这片养育他们的土地。和许多其他的农村一样，永丰村也面临着严峻的人才流失挑战。除此之外，乡村的工作岗位也往往更稀缺和单一，年轻人难以在此找到合适且能发挥自己专业特长的工作机会。以上种种不仅削弱了永丰村的人力资源基础，而且在一定程度上限制了其经济社会的全面发展，阻碍了乡村振兴发展的步伐。因此，永丰村在人才储备这一方面急需采取有效措施吸引和留住人才，以促进乡村可持续发展。

2. 专业人才缺乏

前文提到，永丰里助农直播间拥有直播专业设施设备，但由于缺乏专业技术人才，直播效果并没有达到预期。拍摄人才的缺少致使直播画面质量不高,影响观看体验;运营人才的缺失使得直播流量不佳,缺乏人气;剪辑和投放人才的缺乏使得直播二次引流素材缺失,账号知名度较低。同时,虽然有部分直播是由农户自身进行,但对于专业直播沟通技巧和营销技术的缺失,使得农户在依靠自身直播时,难以得到大流量关注,从而导致直播销量不理想。

3. 物流配送体系不完善

永丰村地处偏远地区,物流配送体系尚不完善,这成为当地经济发展的瓶颈之一。在直播带货过程中,虽然村民们积极跟随新浪潮,学会利用直播平台推广农副产品,但漫长的配送时间导致大部分农副产品难以保持原始质量到达消费者手中,不仅直接影响了消费者的购物体验,而且间接损害了永丰村电商品牌的口碑与信誉。因此,如何解决物流配送这一问题,成为永丰村电商直播带货产业持续健康发展、提升消费者购物体验的关键所在。

四、对策及建议

(一)完善直播基地建设

在推动永丰村直播电商产业蓬勃发展的过程中,通过采取"政府引导、校地共建、企业运营"这一模式,全面扩大直播基地的规模,构建一个集直播培训、主播孵化、先进带货工具、完善直播供应链、专业电商运营指导及场地设备租赁等功能于一体的一站式服务平台。这种模式整合了来自农户的优质产品资源、来自网红的市场影响力、来自企业的运营实力以及来自政府的政策扶持,形成了强大的协同效应。这一模式的创新,不仅提升了永丰村直播电商的专业化、规范化水平,而且极大地激发了村民参与热情,有效提高了永丰村的知名度,为乡村振兴注入了强劲动力。

（二）加强直播人才培养

1. 引进高素质人才

通过优惠政策吸引年轻人才回流，为永丰村的发展注入新的活力。同时，目前许多高校和培训机构都设立了电子商务专业，通过积极探索校地共建数字工作站，发挥高校师生专业优势，为永丰村直播赋能。此外，还可以引进专业电商机构入驻直播基地，通过政策激励，发挥企业的能动性，带动当地电商经济发展。

2. 加强新农人培养

授人以鱼不如授人以渔，永丰村应加强培养能够利用手机等新农具，完成直播电商等新农活的数字新农人。基层政府应发挥主导作用，立足永丰村实际情况，开设农村直播电商培训班。高校应发挥专业优势，建设助农数字课程资源库，用通俗易懂的语言，向农户教授直播选品、直播引流、直播话术、直播运营、客服、物流等相关专业知识。企业应利用丰富的实践经验，孵化优秀农户主播，帮助农户尽快上手实操，实现双赢。

（三）强化物流配送体系

加大投入，强化物流基础设施建设，形成一个物流配送中心、多个快递便民服务站的物流配送体系，组建农村快递员团队，实现更高效便捷的"快递进村，产品出村"。除此之外，还要完善冷链物流服务。农产品中的生鲜产品对物流的要求不仅局限于准时精准，而且要求更高的保鲜冷链技术，保证产品不变质，不腐坏。因此应以政府牵头、企业主导、多方参与的形式，共建驻村冷库，升级冷链运输设备，实现生鲜农产品及时的冷链储存、冷链运输与冷链配送，打通生鲜产品生产链、销售链和物流链，推进农村直播电商发展。

结 语

本次调研发现，永丰村的直播电商在一定程度上助力了乡村振兴，但也存在一些问题亟待解决，如直播基地建设不完全、直播人才培养不充分

第七章　高职院校"三全育人"的建设实践成果和案例方法

以及物流配送体系不完整等。调研团队逐一分析这些问题现象，并针对性地从完善直播基地建设、加强直播人才培养以及强化物流配送体系等方面提出建议，为促进永丰村发展，助力乡村振兴贡献一份力量。

乡村振兴背景下眉山乡村东坡美食文化发展现状调查研究
——以眉山市东坡区永丰村为例

团队学生：李沁佳、杨琴、李盼

指导老师：赫人禾、李源、刘晓梅

摘　要：乡村振兴靠产业，产业振兴靠特色。在乡村振兴的大背景下，眉山依托其深厚的文化底蕴和丰富美食资源，尤其是东坡美食文化，积极推动乡村经济、文化和社会的全面发展。尤其是2022年6月8日，习近平总书记亲临眉山视察了三苏祠和永丰村，让东坡文化进入更多人的视野。东坡美食文化作为东坡文化分支，本报告通过实地调研，分析东坡美食文化在乡村振兴背景下，在眉山永丰村的发展现状。调研组深入永丰村附近的农家乐及饭店，了解东坡美食文化的传承、发展现状，分析眉山东坡美食文化的特点，提供东坡美食文化的发展策略。

关键词：乡村振兴、东坡美食文化、发展策略

一、调研情况概述

（一）调研背景

乡村振兴战略的深入发展与实施为乡村经济发展注入了新的活力。随着人们生活水平的提高和文化旅游需求的增加，农村地区的美食文化成为吸引游客的重要因素之一。东坡美食文化作为中华优秀传统文化的

重要组成部分，具有丰富的文化内涵和市场潜力，对于乡村发展具有重大意义，对于促进乡村经济发展、增强乡村旅游竞争力具有积极作用。因此，探索东坡美食文化在农村的发展路径，对于促进农村经济发展、文化传承具有重要意义。本研究以眉山市东坡区永丰村为例，以眉山职业技术学院烹饪工艺与营养专业师生为主，组建"东坡小厨"志愿服务队前往调研。

（二）调研目的

第一，了解东坡美食文化在永丰村的传播与接受情况。
第二，分析东坡美食文化对永丰村经济发展的带动作用。
第三，探讨东坡美食文化在永丰村传承与创新中存在的问题及解决策略。

（三）调研方法

1. 访谈调查

访谈调查主要能获得受访者的经验，了解当前情况和当地人的观点等，可以采用面对面访谈、电话访谈等方式。访谈法能够获得详细的信息，帮助研究者深入了解问题背后的原因。

2. 实地调研

实地调研指直接走入研究对象所处现场和相关场所，进行实地数据搜集和分析。实地调研是在实际环境中进行的调研活动，通过亲身体验和观察，可以更加真实地了解被调研对象的情况。

3. 上门走访

调研小组走访了永丰村及附近场镇中的农家乐，以村民、游客等作为调研对象。通过实地考察，深入农村一线，观察东坡美食文化的实际应用情况；通过访谈，与当地居民、餐饮从业者等交流，获取第一手资料。

二、眉山东坡美食文化的特点分析

（一）地域性

眉山养育了一代文豪苏东坡，苏东坡不仅诗词文赋雄视百代，而且是中国历史上颇有名气的美食家，被誉为"千古第一吃货"。他的人生轨迹遍布半个中国，不仅将家乡美食传扬四方，而且让眉山美食更加多姿多彩，开创了延绵至今的东坡美食文化。这些美食文化不仅具有深厚的历史文化底蕴，而且成为了眉山乡村的一张亮丽名片。眉山市通过深入挖掘东坡美食文化内涵，积极打造"东坡味道"品牌，有效提升了眉山乡村美食的知名度和美誉度。这种品牌效应不仅吸引了众多游客前来品尝美食，而且带动了当地乡村旅游的发展。

（二）丰富性

东坡美食以取材广博奇杂著称。这里拥有丰富的食材资源，家禽、野味，应有尽有。眉山人善于利用各种食材进行烹饪，创造出各种色香味俱佳的美食。同时，他们还注重食材的品质，确保每一道菜肴都能呈现出最佳的风味。东坡美食的烹饪技艺精湛多样，注重炖、煮、煎、炒等多种烹饪手法的运用。这些技艺在传承中不断创新发展，形成了眉山独特的烹饪风格。东坡美食的菜品丰富多样，既有传统的川菜经典名肴，又有创新的创意菜品。

（三）体验性

永丰村的美食旅游宣传不仅强调美食，而且强调基于美食资源衍生的其他旅游行为。消费者在永丰村可以亲自参与食材的挑选、采摘，体验与大自然融为一体的乡村生活，经历的独特性和体验的趣味性将增加美食旅游的吸引力。同时，游客可以和当地居民交流，了解当地的饮食文化和风俗习惯，亲自制作美食，这种沉浸式的体验会给游客带来无尽的满足感。

三、调研结果与分析

（一）东坡美食文化在永丰村的传播与接受情况

1. 政府及社会组织推动

政府部门和社会组织在东坡美食文化的传播中发挥了重要作用。例如，眉山市妇女联合会主办、眉山职业技术学院妇联承办的"苏香·智慧媛"文明实践宣讲团在永丰村开展东坡美食文化体验活动，通过讲述苏东坡的故事和展示东坡美食的制作工艺，让农村居民近距离感受东坡美食文化的魅力。眉山市东坡区苏祠街道、东坡区商务博览局等部门也联合举办了"东坡美食进社区"活动，通过美食展示和品尝，进一步扩大了东坡美食文化在永丰村等乡村的影响力。

2. 专家与大师进乡村

烹饪大师和专家学者走进乡村，通过现场教学、示范制作等方式，将东坡美食的制作技艺传授给农村居民。例如，四川省中式烹调技能大师工作室领办人、东坡肘子传统制作技艺传承人吴长清以及眉山职业技术学院教师、东坡区非物质文化遗产东坡肘子制作技艺传承人许川等人在眉山永丰村、徐庙村等乡村开展烹饪大师进乡村活动，深受村民欢迎。

3. 媒体宣传

各类媒体对东坡美食文化的宣传报道也起到了积极的推动作用。通过新闻报道、网络文章、微信公众号等多种形式，东坡美食文化在永丰村等农村地区的知名度和影响力不断提升。

（二）东坡美食文化对农村经济发展的带动作用

1. 促进农产品附加值提升

东坡美食文化以丰富的美食种类和深厚的文化底蕴为依托，推动了当地特色农产品向高端、高附加值方向发展。通过挖掘东坡美食所需的原材料，当地农产品如泡菜、永丰大米、永丰米露等特色农业产业得到了极大的发展。

2．带动乡村旅游发展

东坡美食文化作为乡村旅游的重要组成部分，吸引了大量游客前来品尝美食、体验乡村风情。这不仅促进了当地餐饮、住宿等服务业的发展，而且带动了农产品的直销和乡村旅游产品的开发。以眉州东坡集团为代表的企业，通过挖掘东坡菜系及传承技艺，带动了当地农产品的产地直销，实现了从农田到餐桌的全产业链发展。同时，永丰村还积极探索了农业与文旅相融合的新路径，围绕水稻产业布局电商物流，研发以春播、夏趣、秋实、冬韵为主题的"永丰四季"研学文旅产品，打响"太和永丰"的特色品牌。自项目推广以来，累计接待游客50余万人次，不仅丰富了市场供应，而且展示了永丰村农业文化的独特魅力。

3．推动农村产业结构调整

东坡美食文化的传播和发展还推动了永丰村产业结构的调整和优化。通过发展特色农业、乡村旅游等产业，农村产业结构逐渐由传统的单一农业向多元化、高附加值方向发展。这不仅提高了永丰村经济的整体效益和竞争力，而且促进了永丰村经济的可持续发展。

4．增强农民的文化自信和创业激情

东坡美食文化作为东坡文化的重要组成部分，具有深厚的文化底蕴和独特的魅力。传播东坡美食文化增强了永丰村农民的文化自信和创业激情，他们更加积极地参与到农村经济的发展中来，通过种植特色农产品、发展乡村旅游等方式实现增收致富。这种积极向上的氛围和动力为农村经济的发展注入了新的活力。

四、东坡美食文化在农村传承与创新中存在的问题及解决策略

(一) 存在问题

1. 传承人才短缺

永丰村等农村地区对东坡美食文化的历史价值和文化内涵认识不足，缺乏主动传承的意识。随着老一代传承人的逐渐老去，新一代传承人的培养成为一大难题，导致东坡美食文化在农村地区逐渐淡化，甚至面临失传的风险。

2. 专业人才匮乏

永丰村等农村地区对东坡美食文化传承往往依赖于老一辈厨师的口传心授，缺乏系统的培训和专业的指导，限制了东坡美食文化在技艺上的提升和创新。

3. 宣传推广不足

东坡美食文化在永丰村等农村地区的宣传推广存在"重流量、轻转化"的问题。尽管当地通过网络传播吸引了游客关注，但线下服务供给未能同步跟进——农家乐等接待载体缺乏文化场景营造，服务流程未融入东坡饮食文化内涵，导致宣传流量难以转化为实际消费体验，形成"知晓度高、体验感弱"的供需断层，制约了文化价值向经济价值的转化。

4. 创新能力不足

永丰村等农村地区在传承东坡美食文化时，过于保守，缺乏与现代元素结合的创新尝试，导致东坡美食文化难以适应现代消费者的口味和市场需求，影响其持续发展。

5. 资源整合不够

永丰村等农村地区的东坡美食文化资源分散，缺乏有效的整合和开发利用，难以形成品牌效应和规模效应，限制了东坡美食文化在农村地区的产业化发展。

（二）解决策略

1. 增强传承意识

政府应在永丰村等农村地区加强东坡美食文化的宣传教育，提高农民对东坡美食文化的认识和重视程度。通过举办讲座、展览等形式，普及东坡美食文化的历史知识和文化价值，增强农民的传承意识，激发他们主动传承东坡美食文化的积极性。

2. 加强人才培养

政府可以与开设相关专业的高等院校，如开设有烹饪专业的职业院校合作，开设东坡美食文化相关的专业课程和培训项目，培养一批具备专业知识和技能的传承人才，开设农民技能人才培训班，提升东坡美食文化在技艺上的传承水平，为创新发展提供人才保障。

3. 深入挖掘文化内涵

在永丰村等农村地区推广东坡美食文化时，应注重文化内涵的挖掘和传承，通过举办文化讲座、展览等活动，提高公众对东坡美食文化的认知度和认同感。

4. 加大宣传推广力度

利用互联网、新媒体等渠道，扩大东坡美食文化的知名度和影响力。举办美食节、烹饪比赛等活动，吸引游客和消费者前来体验东坡美食文化。提高东坡美食文化的市场认知度，吸引更多的游客和消费者，带动农村经济发展。

5. 鼓励创新实践

鼓励餐饮从业者积极创新，将传统美食与现代烹饪技艺相结合，推出更多符合市场需求的新菜品。政府和企业应提供政策支持和资金扶持，鼓励创新实践。同时，加强与其他地区的交流合作，引进先进技术和理念，使东坡美食文化保持活力和竞争力，满足现代消费者的口味和市场需求，促进持续发展。

6. 加强资源整合

政府应发挥主导作用，整合农村地区的东坡美食文化资源，推动形成品牌效应和规模效应。通过政策扶持和资金支持等措施，引导农民和企业参与东坡美食文化的产业化发展。提高东坡美食文化的产业化水平，形成具有市场竞争力的品牌和产品体系，推动农村经济发展。

五、结论与建议

（一）结论

东坡美食文化在永丰村等农村地区的发展具有广阔的前景和重要的现实意义。在政府的大力支持下充分挖掘眉山特色美食资源，加快眉山特色美食产业转型升级，对于促进农业高质高效、乡村宜居宜业、农民富裕富足具有重要作用。通过加强传承人才培养、深入挖掘文化内涵和鼓励创新实践等措施的实施，可以有效促进东坡美食文化在农村的传承与发展，进而带动农村经济的繁荣和文化的振兴，推动东坡美食产业高质量发展。

（二）建议

1. 加强政策引导

政府应加大对东坡美食文化发展的政策引导和支持力度，制定相关规划和措施，推动东坡美食文化在农村的广泛传播和深入发展。

2. 促进农旅融合

将东坡美食文化与乡村旅游、休闲农业等产业相结合，打造独具特色的旅游品牌和产品体系，提升农村旅游的文化内涵和吸引力。

3. 强化品牌建设

注重东坡美食文化的品牌建设和推广工作，通过举办美食节、文化节等活动以及利用互联网等新媒体手段进行宣传和推广，提高东坡美食文化的知名度和美誉度。

参考文献

参考文献

[1] 张伟宏. 新时代高校"三全育人"机制研究[M]. 长春：吉林大学出版社，2019.

[2] 翟文豹. 新时代高校"三全育人"研究[M]. 沈阳：辽宁人民出版社，2020.

[3] 王丽丽. 新时代高职院校育人工作的探索与实践研究[M]. 北京：中国财富出版社有限公司，2020.

[4] 葛清清. "三全育人"的理论逻辑和实践路径研究[D]. 芜湖：安徽工程大学，2020.

[5] 彭婷玲. 新时代高职院校"三全育人"机制构建研究[D]. 赣州：赣南师范大学，2020.

[6] 苟建强. 基于立德树人的高校"三全育人"路径研究[D]. 重庆：重庆工商大学，2020.

[7] 匡天资. 高职院校"三全育人"联动机制研究[D]. 哈尔滨：哈尔滨理工大学，2020.

[8] 付瑞红. 高校"三全育人"教育体系评估及实践探索[M]. 秦皇岛：燕山大学出版社，2021.

[9] 姜雅净，程丽萍. 三全育人理念下高校课程思政改革实践[M]. 上海：立信会计出版社，2021.

[10] 曹都国. 三全育人视域下高校思想政治教育工作多元协同的理论与实践探索[M]. 上海：复旦大学出版社，2021.

[11] 王天旭. 基于"三全育人"视角的高校后勤服务育人路径研究[D]. 成都：西华大学，2021.

[12] 赵翼. "三全育人"理念下高校"课程思政"建设路径研究[D]. 重庆：重庆邮电大学，2021.

[13] 孙蓉. 生态系统理论视域下高校"三全育人"研究[D]. 广州：华南理工大学，2021.

[14] 龚安静. "三全育人"的价值意蕴及实践研究[D]. 重庆：西南政法大学，2021.

[15] 吴坤埔，彭杨. 高校三全育人开展路径探索与创新[M]. 西安：西北工业大学出版社，2022.

[16] 陈仕俊，陈军强. 润物无声风化于成三全育人的校本探索与实践[M]. 杭州：浙江工商大学出版社，2022.

[17] 张春宇. 三全育人理念下高校思政教学创新路径研究[M]. 长春：吉林大学出版社，2022.

[18] 李永睿. 高校"三全育人"实效性及其评价研究[D]. 长沙：长沙理工大学，2022.

[19] 辛高洁. "三全育人"视阈下大学生劳动素养培育路径研究[D]. 太原：山西财经大学，2022.

[20] 朱紫罗. 新时代高校"三全育人"机制优化研究[D]. 长沙：湖南大学，2022.

[21] 王斌伟. 高校思政工作"三全育人"协同机制构建研究 [M]. 广州：广东人民出版社，2022.

[22] 曾婷. 三全育人理念下高校外语课程思政体系建设研究[M]. 北京：中国纺织出版社，2023.

[23] 胡佳丽. "三全育人"视域下大学生生命教育研究[D]. 天津：天津商业大学，2023.

[24] 李亚娜，梁晓倩. 三全育人背景下课程思政教学理念与实施路径研究[M]. 天津：天津社会科学院出版社，2023.

[25] 韦国潭. 高等职业学校全员全过程全方位育人"浙旅探索"[M]. 北京：旅游教育出版社，2023.

[26] 赵静. 书院制视阈下高校三全育人实施路径创新研究[M]. 北京：中国民族文化出版社，2023.

[27] 苏茜，文小满，陶恩巧. 构筑高职院校育人工作新高地基于广西机电职业技术学院"三全育人"实践的探索[M]. 北京：冶金工业出版社，2023.

[28] 王瑾. 高校"三全育人"体系建设及路径研究[M]. 北京：文化发展出版社，2024.

[29] 印伟. 高校"三全育人"的创新理论研究[M]. 长春：吉林大学出版社，2024.

[30] 夏朝丰. 锦衣载道立德树人三全育人的校本实践与探索[M]. 上海：东华大学出版社，2024.

[31] 习近平. 论教育[M]. 北京：中央文献出版社，2024.

[32] 梁伟，马俊，梅旭成. 高校"三全育人"理念的内涵与实践[J]. 学校党建与思想教育，2020（2）：36.

[33] 文国学. 马克思恩格斯列宁斯大林论教育[M]. 北京：中国社会科学出版社，2016：41.

[34] 宋兵波. "三全育人"的理论基石及其时代价值[J]. 中国德育，2024（21）：32-36.

[35] 艾楚君，黄文韬. "三全育人"的价值意蕴、现实困境与破解路径[J]. 长沙理工大学学报（社会科学版），2020，35（3）：51-59.

[36] 龚安静. "三全育人"的价值意蕴及实践研究[D]. 重庆：西南政法大学，2021.